Third Edition

deutsch aktuell 1

REVISED EDITION

Workbook

Wolfgang S. Kraft

Consultant: Hans J. König

EMC Publishing, St. Paul, Minnesota

ISBN 0-8219-0928-2

© 1993 by EMC Corporation

All rights reserved. No part of this publication may
be adapted, reproduced, stored in a retrieval system
or transmitted in any form or by any means,
electronic, mechanical, photocopying, recording, or
otherwise without permission from the publisher.

Published by EMC Publishing
300 York Avenue
St. Paul, Minnesota 55101

Printed in the United States of America
0 9 8 7 6 5 4 3 2 1

Name: _____   Datum: _____

Lektion 1

1. Write the missing lines for speaker "B" and complete this conversation. Make sure that everything makes sense.

   A: Grüß dich! Wie geht's?

   B: _____

   A: Was machst du?

   B: _____

   A: Schon jetzt?

   B: _____

2. Match the sentences on the left with those on the right. Each pair will become a conversational exchange.

   _____ 1. Christa wohnt in der Stadt. Und du?   a. Nein, sie ist in der Stadt.

   _____ 2. Ist Daniela hier?   b. Und wo genau?

   _____ 3. Petra ist deine Freundin?   c. Ich wohne beim Park.

   _____ 4. Ich wohne nicht weit.   d. Ganz gut.

   _____ 5. Wie geht's?   e. Ja.

Deutsch Aktuell 1

Name: _____ Datum: _____

3. *Beantworte diese Fragen!* (Answer these questions.) Write complete sentences.

1. Wie heißt du?
   _____

2. Ist es früh?
   _____

3. Wo wohnst du?
   _____

4. Wieviel ist zwei plus sieben?
   _____

5. Was machst du jetzt?
   _____

4. Fill in the missing words.

1. Gehst du _____ Hause?
2. Oh, wie _____!
3. Wohnen Sie _____ Park, Frau Gruber?
4. Ich wohne in der _____.
5. _____ dich, Helga!
6. Deine Freundin _____ dort.
7. Wie _____ es Ihnen?
8. _____ heißt Peter.

Lektion 1

Name:_____ Datum: _____

5. **Form complete sentences by putting the words in the correct word order.**

Beispiel: Park / Christine / beim / wohnt
Christine wohnt beim Park.

1. Schulz / heiße / ich / Herr

   _____

2. Tag / Hoffmann / Guten / Frau

   _____

3. wohne / Stadt / ich / der / in

   _____

4. ist / spät / schon / es

   _____

5. Daniel / geht's / wie

   _____

6. dein / wo / Freund / ist

   _____

6. **Write the problem and solution in German.**

Beispiel: 1 + 4 = ?
Eins plus vier ist fünf.

1. 5 + 7 = ?

   _____

2. 3 + 6 = ?

   _____

3. 4 + 13 = ?

   _____

4. 10 + 8 = ?

   _____

5. 11 + 9 = ?

   _____

Name: _____ Datum: _____

7. *Wie heißt er oder sie?* Write a complete answer to this question, using each name provided.

   Beispiel: Katrin
   　　　　　　　Sie heißt Katrin.

   1. Horst
   _____

   2. Torsten
   _____

   3. Dagmar
   _____

   4. Timo
   _____

   5. Susanne
   _____

   6. Lars
   _____

8. Fill in the proper verb forms.

   1. Herr Meier (sagen) _____ das.
   2. Wo (wohnen) _____ Tina?
   3. Wir (gehen) _____ nach Hause.
   4. Was (machen) _____ ihr jetzt?
   5. Wie (heißen) _____ Sie?

Lektion 1

Name: _____ Datum: _____

9. Write a short conversation based on the illustration below. Write at least five sentences.

_____
_____
_____
_____
_____

10. Find the expression on the right that corresponds to the one on the left.

_____ 1. Grüß dich!   a. Bis dann!

_____ 2. Tschüs!   b. Darf ich vorstellen?

_____ 3. Bis bald!   c. Wie geht es Ihnen?

_____ 4. Wie geht's?   d. Tag!

_____ 5. Darf ich bekannt machen?   e. Auf Wiedersehen!

Deutsch Aktuell 1

Name: _____ Datum: _____

11. Match the German words with the English descriptions. You will not use all the German phrases provided in the list.

    a. Auf Wiedersehen!   g. Gute Nacht!
    b. Darf ich vorstellen?   h. Vielleicht.
    c. Tag!   i. Grüß dich!
    d. Auf Wiederhören!   j. Guten Morgen!
    e. Servus!   k. Wie geht es Ihnen?
    f. Guten Tag!   l. Bis bald.

    _____ 1. "Good-bye" on the telephone.

    _____ 2. Normal greeting.

    _____ 3. Greeting in the morning.

    _____ 4. Before going to bed, family members will use these words.

    _____ 5. "Good-bye" that means "hope to see you again."

    _____ 6. Young people greeting each other in southern Germany.

    _____ 7. Austrians greeting each other.

    _____ 8. A person introducing two others.

    _____ 9. A person says "good-bye," expecting to see you soon at a specific time.

    _____ 10. Casual "hello."

12. Indicate whether you would use *du* or *Sie* in the following situations.

   1. Brothers and sisters address each other with _____.

   2. Two adults are being introduced to each other. Both will address each other with _____.

   3. Among each other, young people use _____.

   4. In prayers and church services people address God as _____.

   5. Military comrades address each other with _____.

   6. Acquaintances address each other with _____.

   7. Friends will call each other _____.

   8. People talking to animals use _____.

   9. Adults talking to children will use _____.

   10. Most colleagues in an office will use _____.

Name:_____ Datum: _____

13. Fill out the form below. You may need to know these words: *Vorname* (first name), *Beruf* (profession), *Postleitzahl* (zip code). The other words are listed in your book or you should be able to figure them out.

Bitte Druckbuchstaben einsetzen:

| Name: |
| Vorname: |
| Beruf: |
| Straße/Hausnummer: |
| Postleitzahl/Wohnort: |
| Telefon: ▶ 3 4 9 1 5 |

14. Write an essay in English about some of the social differences between Germany and the U.S. Include such items as greetings, farewells, introductions and the usage of "you" versus *"du"* and *"Sie."*

_____
_____
_____
_____
_____
_____
_____
_____
_____
_____

Deutsch Aktuell 1

Name: _____ Datum: _____

15. **Unscramble the following letters and then indicate their meaning in English.**

1. IHC _____
2. TGU _____
3. RPKA _____
4. TIS _____
5. IWET _____
6. NWHOEN _____
7. RHER _____
8. EHGNE _____
9. REFNUD _____
10. TASTD _____

16. *Kreuzworträtsel*

Waagerecht (Across)

1. Wo _____ Daniela?
5. _____ Nacht, Peter!
6. _____ heißt Heiko.
7. Wir _____ nach Hause.
9. Ist Monika da? _____ .

Senkrecht (Down)

1. _____ heißt du?
2. Wo ist _____ Neumann?
3. Guten _____, Frau Heller.
4. Wie heißt deine _____?
6. Sie heißt _____ .
7. Wie geht's? _____ gut.
8. Ich wohne _____ .

Lektion 1

Name: _____ Datum: _____

Lektion 2

1. You are talking to your friend. Provide a meaningful conversation by completing your part.

Du: _____

Freund: Nein, jetzt nicht, aber um sieben Uhr habe ich Zeit.

Du: _____

Freund: Ja, Hanni kommt und auch der Stefan.

Du: _____

Freund: Er ist Hannis Freund.

Du: _____

Freund: Nein, nicht viele.

2. Fill in the blanks, using the words listed.

| toll | Arbeit | Zeit | Telefon | schon |
| klug | lieber | mit | Moment | Montag |

1. Bringst du Kassetten _____?
2. Ich muß _____ bald nach Hause.
3. Wer ist am _____?
4. Hast du jetzt _____?
5. Hörst du _____ Rockmusik?
6. Ich komme vielleicht am _____.
7. Die CD ist _____.
8. Einen _____. Jochen ist hier.
9. Rainer ist sehr _____.
10. Maria schreibt morgen eine _____.

Deutsch Aktuell 1   9

Name: _____ Datum: _____

3. Unscramble the following letters. The words are either days of the week or numbers.

1. ZESEHCHN _____
2. OGMTNA _____
3. AONGSNT _____
4. EVRI _____
5. BSNEEI _____
6. AFITERG _____
7. WGNZZAI _____
8. CMTHOTIW _____

4. While paging through a photo album, you point to various people, inquiring about their ages now. Write out each answer in German.

Beispiel: Wie alt ist er jetzt? (80)
Er ist jetzt achtzig.

1. Wie alt ist sie jetzt? (17)
   _____

2. Wie alt ist er jetzt? (25)
   _____

3. Wie alt ist er jetzt? (49)
   _____

4. Wie alt ist sie jetzt? (14)
   _____

5. Wie alt ist sie jetzt? (95)
   _____

Lektion 2

5. *Wieviel Uhr ist es?* Write out the complete answer.

1. _____ 2. _____

3. _____ 4. _____

5. _____ 6. _____

Name: _____   Datum: _____

6. Say each word and then indicate if the underlined letters represent a short or a long sound. Write an *l* if it is long and an *s* if it is short.

1. T<u>a</u>g _____
2. b<u>i</u>s _____
3. s<u>ie</u> _____
4. w<u>a</u>s _____
5. n<u>i</u>cht _____
6. v<u>ie</u>r _____
7. fr<u>a</u>gt _____
8. d<u>a</u>s _____
9. l<u>ie</u>ber _____
10. n<u>a</u>ch _____

11. <u>A</u>ngst _____
12. <u>i</u>st _____
13. s<u>ie</u>ben _____
14. s<u>a</u>gen _____
15. h<u>a</u>st _____
16. v<u>ie</u>l _____
17. St<u>a</u>dt _____
18. <u>ih</u>r _____
19. <u>i</u>n _____
20. d<u>a</u>nn _____

7. Form questions, using the words provided.

Beispiel: Kassetten / Rolf / viele / hat
Hat Rolf viele Kassetten?

1. lieber / Rockmusik / ihr / hört

   _____

2. klug / Walter / sehr / ist

   _____

3. sie / wieviel / kommt / um / Uhr

   _____

4. Arbeit / wir / eine / schreiben

   _____

5. ist / Tag / heute / welcher

   _____

Name:_____ Datum: _____

8. Write in each blank one of these question words: *Wie, Wo, Wohin, Was, Wer.*

1. _____ gehen Sie?
2. _____ ist das Telefon?
3. _____ macht ihr heute?
4. _____ ist das? Das ist Heiko.
5. _____ heißt du?
6. _____ muß er? Nach Hause.
7. _____ hörst du denn?
8. _____ kommt so früh?

9. Supply the appropriate forms of *haben*.

1. _____ Sie keine Zeit, Frau Wieland?
2. Ich _____ das nicht.
3. _____ ihr keine Angst?
4. Petra und Daniela _____ viele Kassetten und CDs.
5. Herr Tobler _____ ein Telefon zu Hause.
6. Wir _____ ein paar Sweatshirts.

Deutsch Aktuell 1

Name: _____ Datum: _____

10. *der, die* oder *das*?

1. _____ Zeit
2. _____ Stadt
3. _____ Herr
4. _____ Haus
5. _____ Freitag
6. _____ Musik
7. _____ Mädchen
8. _____ Frau
9. _____ Sweatshirt
10. _____ Uhr

11. _____ Ecke
12. _____ Freundin
13. _____ Park
14. _____ Kassette
15. _____ Arbeit
16. _____ Telefon
17. _____ Junge
18. _____ CD
19. _____ Moment
20. _____ Angst

11. Form two sentences each, using the phrases *zu Hause* and *nachHause*.

1. _____
2. _____
3. _____
4. _____

Lektion 2

Name: _____ Datum: _____

12. *Was paßt hier?* Match the questions with their corresponding answers. Write the correct answer for each question on the line provided.

    Nein, nur ein paar.   Rockmusik.   Uwe und Roland.
    Susannes Freundin.   Ja, um fünf.   In Norddeutschland.
    Nach Hause.   Sehr schön.

1. Wo ist Jever?
   _____

2. Wer kommt später?
   _____

3. Wie ist das Sweatshirt?
   _____

4. Kommt ihr bald?
   _____

5. Hast du viele Kassetten?
   _____

6. Wer ist Renate?
   _____

7. Wohin geht ihr?
   _____

8. Was spielen Sie?
   _____

Deutsch Aktuell 1

Name: _____ Datum: _____

13. Complete the following sentences based on the *Lesestück*.

1. Renate wohnt in _____, einer _____ in Deutschland.

2. Renate und Katrin haben am _____ viel Zeit.

3. Susanne ist Renates _____.

4. Was _____ Susanne heute? Ein _____ Kassetten.

5. Katrin und Renate _____ nach Hause.

6. Was ist schön? Katrins _____.

7. Susanne geht vielleicht _____ zu Katrin.

8. Wieviel Uhr ist es? Es ist _____ Uhr.

14. Complete the following sentences.

1. Ich habe _____.
2. Wie heißt _____?
3. Wir gehen _____.
4. Was machst _____?
5. Bringen sie _____?
6. Susanne ist _____.
7. Heute ist _____.
8. Sie hören _____.

Lektion 2

Name:_____ Datum: _____

15. Take an appropriate word from the list below and insert it in the space provided. You will not need all the words listed.

Uhr   Stadt   Mädchen   Junge   Telefon   Tag

1. Mittwoch ist ein _____.
2. Marianne ist ein _____.
3. Jever ist eine _____.
4. Holger ist ein _____.

16. Fill in the missing letters to form words. The missing letters read in sequence will tell you if your answers are correct.

1. _____ ONNERSTAG
2. _____ BER
3. _____ CHÖN
4. _____ HR
5. _____ O
6. _____ OLL
7. _____ OCKMUSIK
8. _____ N
9. _____ D
10. _____ ERR
11. _____ ELEFON
12. _____ MMER
13. _____ UT

17. Fill in the appropriate words. They are part of the answer to the question, *Wieviel Uhr ist es?*

1. 5:30 — Es ist _____ sechs.
2. 12:00 — Es ist _____.
3. 2:05 — Es ist _____ Minuten nach _____ Uhr.
4. 8:45 — Es ist _____ vor _____.
5. 6:15 — Es ist _____ nach _____.
6. 12:30 — Es ist _____ eins.

Deutsch Aktuell 1

Name: _____ Datum: _____

18. *Wieviel kannst du verstehen?* (How much can you understand?) *Beantworte die Fragen!* Look at important phone numbers from the city of Lüneburg, located in northern Germany. Answer the questions. Make sure to write out the number in German.

Beispiel: What is the number for high tide warning?
null eins fünfzehn dreißig

Telefon-Sonderdienste und Telefonansagen

Notruf Polizei **110***

Feuerwehr 112*

Telefon-Sonderdienste

Telefonauskunft	national	0 11 88
	international*)	0 01 18
Fernsprechauftragsdienst (Erinnerungs-, Benachrichtigungs- und Weckaufträge; in bestimmten Ortsn. auch Abwesenheitsaufträge)		0 11 41
Fernamt	national*)	0 10
	international*)	00 10
Seefunkdienst Anmeldung von Gesprächen über Elbe-Weser Radio*)		0 12 21
Kiel Radio*)		0 12 31
Norddeich Radio*)		0 12 11
Küstenfunkstellen der DDR*)		0 10
ausländische Küstenfunkstellen*)		00 10
Küsten-Erdefunkstellen (INMARSAT)*)		0 12 11
Störungsannahme für Telefon, Bildschirmtext*)		0 11 71
Telex, Teletex, Datex und Telefax*)		0 11 72
Kabelfernsehen, Ton- und Fernsehrundfunk, Funkdienste*)		0 11 74
Telegrammaufnahme*)	deutsche Sprache*)	0 11 31
	fremde Sprache*)	0 11 33

Weitere Dienststellen siehe unter „Post"

Telefonansagen

Aktuelles aus dem Gesundheitswesen	0 1 15 02
Börsennachrichten	0 11 68
Fahrplanhinweise (Einzelheiten siehe unter „Bundesbahn")	—
Fernsprechnachrichtendienst	0 11 65
Fußballtoto	0 11 61
Gedichte und Kurzprosa	0 15 10

Telefonansagen

Klassenlotterien	01 16 07
Küchenrezepte	0 11 67
Reisewettervorhersage/ Wintersportwetterbericht	01 16 00
Seewetterbericht	01 15 09
Sonderansagen (bei Bedarf)	0 11 66
Sportnachrichten	0 11 63
Stellenangebote des Arbeitsamtes Hamburg	01 15 01
Straßenzustandsbericht	0 11 69
Sturmflutwarnung	01 15 30
Verbraucher- und Einkauftips	01 16 06
Wettervorhersage	0 11 64
Witterungshinweise für die Landwirtschaft (01. 03.-31. 10.)	0 11 54
Zahlenlotto, Rennquintett	0 11 62
Zeitansage	0 11 91

*) Der Anruf ist gebührenfrei.

Lektion 2

Name:_____ Datum: _____

What is the number for...?

1. sports news

   _____

2. time announcement

   _____

3. soccer lottery

   _____

4. police

   _____

5. information for domestic phone calls

   _____

6. sending telegrams in the German language

   _____

7. (kitchen) recipes

   _____

8. consumer and shopping tips

   _____

9. marine radio service

   _____

10. lottery

    _____

19. *Beantworte die Fragen!* The number following each name in the telephone book refers to the part of the city where that person lives. Each section of the city has a designated number. The list below is an excerpt from a German telephone book.

Seelige Georg F. 80 Kalk-Mülheimer Str 390	62 26 87
Seeliger Agnes 80 Seidenstr 13	62 56 96
— Dieter 60 Florastr 73	7 60 19 94
— Harri 71 Krebelspfad 108	78 48 35
— Helga 91 Remscheider Str 28	85 54 61
— Lieselotte 1 Karolingerring 9	32 95 27
— Manfred 1 Brüsseler Str 77	51 11 77
— Michael 91 Sibeliusstr 43	87 80 55
— Reinhard 80 Erikahof 9	68 34 09
— U. 60 Edenkobener Str 15	17 66 78
— Wilfried 40 Moltkestr 17	Fre 7 76 69
Seeliger-Dieper 80 Dellbrücker Mauspfad 239	68 74 75
Seeling Adolf 80 Birkenweg 9	63 55 65
— Erck-Rüdiger 50 Roonstr 9	39 27 59
— Siegfried 80 Berliner-261	60 82 28
Seelinger Heinz 50 Markusweg 11	Ws 6 69 56
Seelmann	81 38 72
— Andreas u. Kay-Michael 41 Luxemburger Str 124	41 46 78
Seelmann-Eggebert 1 Gereonsdriesch 21	13 51 40
— Wolfgang 1 Bismarckstr 42	51 38 00
Seelsorgliche Berat.St. 1 Gereonswall 136	○ 13 44 23
Seemann Elisabeth u. Stefan 40 Sudetenweg 30	48 61 73
— Else 41 Gleueler Str 96	41 31 78
— Grete 1 Annostr 49b	31 90 44
— Günther 80 Juttaweg 11	60 19 08
— Hans 1 Annostr 49b	31 66 73
— Heinrich 60 Schlenderhaner Str 33	7 12 22 56
— Ilse 41 Behringstr 7	40 45 96
— Inge 51 Herthastr 51	3 60 28 37
— Josef 21 Deutz-Kalker Str 13	81 77 96
— Josef 30 Silcherstr 1	58 25 13
— Karl 91 In den Reihen 7	85 30 79
— Lisbeth 80 Ricarda-Huch-Str 9	66 61 10
— Manfred 41 Luxemburger Str 194	41 65 91
— Maria 91 Am Grauen Stein 8	83 33 53
— Michael 91 Olpener Str 655	84 38 54
— Nikolaus 30 Melatengürtel 112	51 57 75
— Norbert 71 Haselnußweg 3	79 43 93
— Rolf 1 Annostr 49b	31 90 43
— Rolf Elektrobau 41 Redwitzstr 19	42 85 19
— Rudolf 91 Wodanstr 58	86 24 66
— Ursula 41 Arnulf-23	44 37 63
— Walter 41 Haselberg-9	52 39 50
Seer Albert Damenmoden 51 Höninger-Weg 180	36 39 36
41 Dürener Str 221	40 59 90
— Theo 40 Moselstr 35	Fre 7 81 55
Seestädt Heinrich 30 Kurt-Weill-Weg 20	50 86 78
— Siegfried 51 Kierberger	
Seffer Hermann GmbH Autoteile Köln 41 Braunsfeld Aachener Str 302	54 59 61
Seffern Günter 30 Subbelrather-Str 544	53 41 56
— Helmut 41 Manstedter Weg 11	49 20 86
— Nik. 60 Waldfriedstr 1	7 12 30 14
Seffner Max 30 Subbelrather Str 195	5 50 36 58
Sefikogullari Behzat 91 Bochumer-10	87 52 59
Sefrin Helmut 60 Boltenstern-15	7 60 54 22
— R. 1 Pantaleonsmühlengasse 21	23 06 88
Sefzig Renate 30 Hackländer Str 25	5 50 37 25
Segal Christa Grafikerin 21 Mindener Str 4	8 10 1 92
Segall Hermann Dr. 51 Mehlemer Str 14	38 57 41
Segat Gertrud 1 Josephstr 8	31 61 79
Segatz Anneliese 30 Max-Fremery-Str 30	58 52 86
— Anneliese 91 Olpener Str 156	87 86 65
— Wilhelm 30 Buschweg 39	50 43 94
Segbers Michael 41 Classen Kappelmann Str 28	40 22 97
Segbert Georg 1 Rothgerberbach 1	32 12 35
Segebade Dietrich 91 Abshof-44	69 45 61
Segel-Zentrum-Elba Gereon W.Verweyen 50 Sürther Haupt-212	(Ws) 6 55 05
Segeler Heinz-L.u.Gisela 41 Zülpicher Str 79	41 99 45
— Ursula 21 Mathildenstr 76	81 63 47
Seger Andreas 30 Alpener-33	5 50 41 77
— Edwin 41 Kyllburger Str 11	42 62 07
— Rolf 1 Isabellenstr 8	32 29 96
Segers Albert 41 Schallstr 13	40 64 93
Seget	83 51 98
Segeth Alfred Kameramann 51 Vorgebirgstr 144	36 14 65
— D. 40 Benfleetstr 16	Fre 7 37 26
— Paul u. Gisela 91 Robert-Schuman-Str 14	89 40 64
Seggedi Otto-Heinz 60 Fehrbellinstr 2	74 85 52
Seggelke Elsa 41 Renneberg-10	42 52 40
Segger Eva 30 Marienstr 128	5 50 26 01
— Franz 41 Klosterstr 23	40 41 22
— Maria 30 Marienstr 124	55 46 52
— Werner 71 Gertrud-Bollenrath Weg 2	79 59 73
Seggern Hildtrut von 51 Hölderlinstr 23	38 39 45

Name:_____ Datum: _____

1. Where does Manfred Seemann live?
   _____

2. What is his telephone number?
   _____

3. How many Seemanns are listed?
   _____

4. Do any of the Seemanns live in the same house? Who? How many?
   _____
   _____

5. What profession do these people have: Alfred Segeth? Albert Seer? Christa Segal?
   _____
   _____

6. What does the company Hermann Seffer GmbH sell?
   _____

Deutsch Aktuell 1

20. Kreuzworträtsel

Waagerecht
1. Hast du CDs oder _____?
6. Peter? Ist das dein _____?
8. Heike ist _____ der Stadt.
9. Hörst du _____ Rockmusik?
12. Wo _____ die Band?
13. Ich wohne nicht weit _____ Steffie.

Senkrecht
1. Was _____ du heute? Ein Sweatshirt.
2. Sie _____: „Wir kommen um acht."
3. _____ schreibt heute eine Arbeit.
4. Welcher _____ ist morgen? Donnerstag.
5. Tina muß um _____ Uhr nach Hause.
7. _____, dann spiel sie mal!
8. Was macht _____ denn hier?
9. Wie geht es Ihnen? Sehr _____.
10. Hast du um vier Uhr Zeit? _____.
11. _____ Arbeit ist ganz leicht.
12. Ich gehe schon. _____ früh?

22 Lektion 2

Name: _____ Datum: _____

Lektion 3

1. **Complete the following paragraph by filling in the missing items based on the opening conversation of this lesson.**

Jens _____ Jürgen, ein Junge aus _____.

Jürgen ist intelligent und auch _____. Für Sven sind die Aufgaben

_____. Die Englischaufgaben sind auf _____ 89.

_____ ist für Jens leicht. Sven _____ zu

Jens: „Du bist ein _____." Es ist jetzt _____

Minuten vor acht _____. Der Lehrer, _____

Erhard, kommt immer _____. Jens und Sven _____

heute eine Arbeit.

Deutsch Aktuell 1

Name: _____   Datum: _____

2. *Ein Stundenplan.* Fill out the schedule below, listing the subjects that you are taking and when you take them.

Stundenplan

Klasse: _____   Zimmer: _____   Klassenleiter: _____

Zeit	Montag	Dienstag	Mittwoch	Donnerstag	Freitag	Sonnabend

Name: _____ Datum: _____

3. Identify these school items in German, including their article.

1. _____
2. _____
3. _____
4. _____
5. _____
6. _____
7. _____
8. _____
9. _____
10. _____

Deutsch Aktuell 1

Name: _____ Datum: _____

4. You will find ten classroom objects in the letters below. The letters may go backwards or forwards; they may go up, down, across or diagonally. However, they go only one way in any word. Can you find all of them?

```
E  D  I  E  R  K  G  S  U  B
H  I  D  H  C  U  B  A  H  N
C  S  A  L  M  L  R  E  R  K
S  A  U  M  W  I  V  P  Q  O
A  S  I  F  R  Z  A  X  N  P
T  A  F  E  L  P  D  G  M  E
L  B  L  E  I  S  T  I  F  T
U  Q  K  E  N  D  G  U  F  F
H  U  R  J  E  R  T  S  N  E
C  D  H  U  A  Z  H  I  G  H
S  H  O  V  L  R  I  K  W  D
```

5. Write out two possible answers to the question, *Wieviel Uhr ist es?"* The number of the lines below does not necessarily indicate the number of possible answers.

Beispiel: 2:10 P.M.   Es ist zehn Minuten nach zwei.
   Es ist vierzehn Uhr zehn.
   Es ist zwei Uhr zehn.

1. _____   2. _____

_____   _____

_____   _____

26   Lektion 3

Name:_____ Datum: _____

3. _____   4. _____
   _____   _____
   _____   _____

5. _____   6. _____
   _____   _____
   _____   _____

7. _____   8. _____
   _____   _____
   _____   _____

Deutsch Aktuell 1

Name: _____ Datum: _____

6. Say each word and then indicate if the underlined letters represent a short or a long sound. Write an *l* if it is long and an *s* if it is short.

1. w<u>o</u>   _____
2. <u>O</u>st   _____
3. d<u>o</u>ch   _____
4. M<u>o</u>ntag   _____
5. sch<u>o</u>n   _____
6. k<u>o</u>mme   _____
7. fr<u>oh</u>   _____
8. v<u>o</u>r   _____
9. t<u>o</u>ll   _____
10. D<u>o</u>nnerstag _____

11. <u>o</u>hne   _____
12. v<u>o</u>n   _____
13. s<u>o</u>   _____
14. sp<u>o</u>rtlich _____
15. n<u>o</u>ch   _____
16. N<u>o</u>te   _____
17. w<u>oh</u>er   _____
18. d<u>o</u>rt   _____
19. Tim<u>o</u>   _____
20. Telef<u>o</u>n   _____

7. Fill in the proper form of the definite article. The forms you will use are: *der, die, das, den.*

1. Ich frage _____ Mädchen.
2. Kennst du _____ Jungen?
3. _____ Telefon ist hier.
4. Wißt ihr _____ Aufgabe?
5. Hast du _____ Kreide?
6. Irene kauft _____ Kugelschreiber.
7. _____ Lehrer kommt heute später.
8. Bring doch _____ Sweatshirt mit!
9. Hörst du _____ Kassette?
10. Ich habe _____ Tafellappen.

Lektion 3

Name: _____ Datum: _____

8. Write complete statements or questions, using the words in the same sequence as listed. You will need to add some words and proper verb endings.

Beispiel: kommen / Martina / Sonntag
Kommt Martina am Sonntag?

1. kennen / er / Lehrerin
   _____

2. wir / fragen / Mädchen
   _____

3. Deutschaufgaben / sein / leicht
   _____

4. Herr / kommen / neun Uhr
   _____

5. kaufen / du / Fahrrad
   _____

6. Harald / gehen / acht Uhr / Schule
   _____

7. Arbeit / für Physik / sein / schwer
   _____

8. sein / ihr / Freitag / pünktlich
   _____

Deutsch Aktuell 1

Name: _____ Datum: _____

9. Choose one of these question words — *Wer, Wen, Was* — to complete each sentence.

1. _____ wartet zu Hause?
2. _____ kennst du? Gabi und Susi.
3. _____ schreibt ihr? Eine Arbeit.
4. _____ fragen Sie? Erika und Gisela.
5. _____ sagst du?
6. _____ ist das? Jörg oder Helmut?
7. _____ kauft ihr? Ein Fahrrad.
8. _____ kommt nie pünktlich?

10. Supply the proper form of *sein*.

1. Um wieviel Uhr _____ Herr und Frau Hofer da?
2. Wo _____ der Lehrer?
3. Warum _____ ihr heute nicht froh?
4. Jürgen und Walter _____ da drüben.
5. _____ du so klug?
6. Ich _____ nicht sehr sportlich.
7. Wir _____ um drei Uhr beim Park.
8. _____ ihr morgen zu Hause?

Name: _____ Datum: _____

11. Select the appropriate verb from the list that best completes each phrase.

kaufen   fahren   schreiben   gehen   machen
hören   haben   sein   fragen   geben

1. zu Fuß _____
2. viel Zeit _____
3. die Frau _____
4. das Buch _____
5. die Musik _____
6. zu Hause _____
7. mit dem Fahrrad _____
8. eine Party _____
9. die Aufgaben _____
10. eine Arbeit _____

12. Complete each statement based on the *Lesestück*.

1. Die Schule ist um _____ nach ein Uhr aus.
2. Morgen, am _____, hat Kerstin viel Zeit.
3. Kerstin wohnt in _____.
4. Timo, Jana und Kerstin _____ mit dem Fahrrad nach Hause.
5. Timo hat viel Geschichte und _____ auf.
6. Die Party _____ um sieben Uhr los.
7. Nach der Schule ist nicht viel _____.
8. Englisch ist für Timo sehr _____.
9. Die Englischaufgaben sind auf _____ 53.
10. Timo kommt am Sonnabend um _____ Uhr zu Kerstin.

Deutsch Aktuell 1

Name: _____ Datum: _____

13. Complete the following two conversations. Write complete sentences.

Kennst du Daniela?
_____

Weißt du, wo sie wohnt?
_____

Ist das weit von hier?
_____

Kommt ihr?
_____

So gegen sieben.
_____

Zwei Jungen und drei Mädchen.
_____

Dieter, Ingo, Elfriede, Sabine und Elke.
_____

14. *Wieviel kannst du verstehen? Beantworte die Fragen?* Answer the questions in the language (*Englisch oder Deutsch*) in which they are stated.

Name: Torsten Christoph
Alter: 16 J., Größe: 180 cm
Haare: dunkelblond,
Augen: blaugrau
Geschwister: 1 B
Hobby: Baß spielen, Musik hören
Lieblingsfächer: Mathe, Physik
Berufswunsch: Telefontechniker
Schulweg: Mofa, U-Bahn

Name: Christoph Diwisch
Alter: 16 J., Größe: 176 cm
Haare: dunkelbraun,
Augen: graublau
Geschwister: 1 B
Hobby: Fußball, lesen
Lieblingsfach: Polytechnik
Berufswunsch: Zahntechniker
Schulweg: Fahrrad

Name: Andrea Fischer
Alter: 16 J., Größe: 164 cm
Haare: dunkelblond,
Augen: graugrün
Geschwister: 1 S
Hobby: lesen, Musik hören
Lieblingsfächer: D, GL
Berufswunsch: ?
Schulweg: U-Bahn

Name: Judith Hammer
Alter: 16 J., Größe: 159 cm
Haare: dunkelblond, Augen: braun
Geschwister: 1 B, 1 S
Hobby: Handarbeiten, Musik hören, diskutieren
Lieblingsfächer: D, E, M, GL
Berufswunsch: Zahntechnikerin,
Schulweg: zu Fuß

Name: Andreas Holl
Alter: 16 J., Größe: 178 cm
Haare: braun, Augen: braun
Geschwister: 1 B, 1 S
Hobby: Handball, Schlagzeug, Kung Fu
Lieblingsfächer: Sport, Musik
Berufswunsch: Koch
Schulweg: U-Bahn

Name: Esther Klein
Alter: 16 J., Größe: 173 cm
Haare: rot (gefärbt), Augen: grün-braun
Geschwister: 1 S, 3 B
Hobby: Handarbeit, diskutieren,
Lieblingsfächer: GL
Berufswunsch: ?
Schulweg: Fahrrad, U-Bahn

Name:_____ Datum:_____

1. Does Christoph Diwisch have brothers or sisters? How many? _____

2. What color are Judith Hammer's eyes? _____

3. What does Torsten Christoph want to be when he gets out of school? _____
   _____

4. How tall is Andrea Fischer? _____

5. Wie alt ist Esther Klein? _____

6. Was für Fächer hat Torsten Christoph gern? _____

7. Wie kommt Judith Hammer zur Schule? _____

8. Was für Hobbys hat Christoph Diwisch? _____
   _____

Here is a short excerpt from Andreas Holl. *Beantworte die Fragen!*

Andreas Holl (15)
Schulsprecher

Mein Vater arbeitet in einer Fabrik als Auto-Mechaniker, und meine Mutter ist Sekretärin in einem Reisebüro. Wir wohnen alle zusammen in einem Vorort von Frankfurt in einer Vier-Zimmer-Wohnung.

Morgens, wenn ich aufstehe, habe ich ein schlechtes Gefühl: Schon wieder Schule! Denn in der Schule erwartet mich Schlimmes. Erstens der Unterricht, der mir ganz und gar nicht gefällt. Es ist nämlich ein ziemlich langweiliger Unterricht. Zweitens bin ich stellver-

9. Was machen Andreas' Vater und Mutter?
   _____
   _____

10. Wo arbeitet (works) Frau Holl?
    _____

11. Wo wohnt Andreas?
    _____

12. Geht Andreas gern in die Schule? Warum? Warum nicht?
    _____
    _____

Deutsch Aktuell 1

Name: _____   Datum: _____

15. *Beantworte die Fragen!* Daniela Neumann is a student at the Mataré-Gymnasium in Meerbusch-Büderich, in the area of Düsseldorf. The grade report below summarizes Daniela's achievement and various other details.

STÄDT. MATARÉ-GYMNASIUM
mit Sekundarstufe I und II
Meerbusch-Büderich
Zeugnis

für _Daniela Neumann_
(Vor- und Zuname)

Klasse _9_   Schuljahr 19_90_/_91_   _2._ Halbjahr

Versäumte Stunden: _12_   davon unentschuldigt: _—_ Stunden

LEISTUNGEN

Religionslehre	—	Mathematik	mangelhaft
Deutsch	befriedigend	Naturwissenschaften	
Gesellschaftslehre		Physik	ungenügend
Geschichte	gut	Chemie	ausreichend
Erdkunde	ausreichend	Biologie	gut
Politik	befriedigend	Musik	sehr gut
Englisch (ab Kl. 5/7)	gut	Kunst	gut
Lateinisch (ab Kl. 5/7)	gut	Sport	gut
Französisch (ab Kl. 5/7)	—		

WAHLPFLICHTBEREICH II (Differenzierungsbereich)

Deutsche Literatur (_2_ -stündig, ____) befriedigend

_____ (____ -stündig, ____)

¹) AF = Aufbaukurs , EF = Einführungskurs

Zusätzliche Unterrichtsveranstaltungen: _____

Bemerkungen: _____

Nicht ausreichende Leistungen können die Versetzung gefährden.¹)

²) Beschluß der Klassenkonferenz: Er/Sie wird in Klasse/Jahrgangsstufe ____ versetzt/nicht versetzt.¹)

Meerbusch, den _15.7.91_

_____ (Schulleiter)   _Lehrer_ (Klassenlehrer/in)

Kenntnis genommen: _____
(Unterschrift der/des Erziehungsberechtigten)

Elternsprechtag am: ____   Wiederbeginn des Unterrichts:
von ____ bis ____ Uhr   am _3.9.91_ um _8.30_ Uhr

Name: _____ Datum: _____

1. Wie viele Fächer (subjects) hat sie? _____
   _____

2. Was für eine Note bekommt sie in Englisch? _____
   _____

3. In welchen Fächern bekommt sie die Note „gut"? _____
   _____

4. Ist sie in Mathe gut? _____

5. Hat Daniela Französisch? _____

6. How many classes did Daniela miss? _____

7. What grade is she in? _____

8. What semester has she completed? _____

9. Which elective course does she take? _____

10. Did the teacher make any particular comments about Daniela? _____

Deutsch Aktuell 1

16. *Kreuzworträtsel*

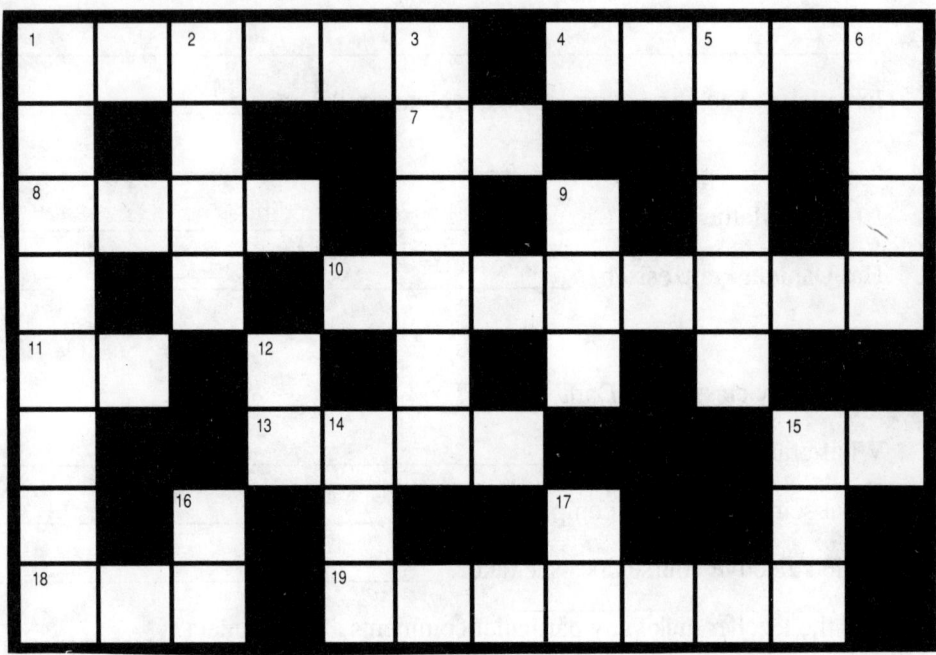

Waagerecht
1. Ich habe den Bleistift und das _____.
4. _____ gehst du denn?
7. _____ weiß nicht, wann Daniela kommt.
8. Es ist drei Uhr dreißig. Es ist _____ vier.
10. Wir haben heute _____.
11. _____ ist sehr schwer.
13. Holger bekommt in Biologie eine Eins. Diese _____ ist sehr gut.
15. „Ist" auf englisch.
18. Ich kenne Ulli nicht. Ist der _____ hier?
19. Ich spreche _____.

Senkrecht
1. Die _____ heißt Frau Bauer.
2. Drei minus drei ist _____.
3. Was _____ du in der Schule?
5. Um wieviel Uhr geht ihr nach _____?
6. Wir kommen schon um sieben _____ Hause.
9. Wieviel ist siebenundzwanzig minus sechzehn?
12. Kerstin geht auf ein Gymnasium ___ Köln.
14. „Alt" auf englisch.
15. _____ komme aus Deutschland.
16. Was machst _____ jetzt?
17. „Es" auf englisch.

Name:_____ Datum: _____

Lektion 4

1. Complete the following text by filling in the missing words based on the opening conversation of this lesson.

Jens möchte ins _____ gehen. Peter meint: „Das ist eine gute _____."

Im _____-Kino läuft ein Film aus _____. Der Film

_____ um drei Uhr _____. Peter _____

zu Jens rüber.

Die _____ kosten neun _____. Gerd hat nicht

_____ Geld. Das macht _____. Jens hat Geld. Alle vier Karten

_____ sechsunddreißig Mark. Jens hat _____ Mark. Er

bekommt _____ Mark zurück.

Jens sagt: „Der Film ist sehr _____." Für Sven ist der _____

aber etwas langweilig. Sven ist vielleicht zu _____. Gerd geht

_____ noch einmal zu diesem Film.

2. *Was fehlt hier?* Find the matching item from the right that best completes the phrases on the left. Write in the space provided.

1. Um wieviel Uhr _____?   a. genug Geld
2. Die Karten _____.   b. sehr langweilig
3. Hast du _____?   c. nach Hause
4. In diesem Kino läuft _____.   d. kosten fünfzig Mark
5. Für Uwe ist der Film _____.   e. am Sonntag
6. Peter kommt spät _____.   f. zwanzig Mark
7. Beeil dich! Der Film _____.   g. beginnt der Film
8. Was macht ihr _____?   h. ein Film aus der Schweiz
9. Wir gehen gern _____.   i. läuft schon
10. Das macht _____.   j. noch einmal ins Kino

Deutsch Aktuell 1

Name: _____ Datum: _____

3. Respond with an appropriate German expression to the following situations. The answers are based on the *Nützliche Ausdrücke* in this lesson.

Beispiel: Your friends invite you to a party. Unfortunately, you've got a lot of homework. Therefore, you say. ... *Ich muß nach Hause.*

1. You're anxious to go shopping. Your friend is a bit slow to get ready. You tell your friend. . .
   _____

2. Your teacher has made dinner reservations at a local German restaurant. You're not quite sure if you can afford to go. You ask your teacher . . .
   _____

3. You're trying to decide what to do. Should you go to a dance or to a party. You turn to your friend and ask . . .
   _____

4. Four of you are going to a soccer game. Each ticket costs 15 marks. The cashier tells you . . .
   _____

5. There is an exciting show on TV tonight. You and your friend are looking through a TV guide to find out about the time. Suddenly your friend spots the description and says to you . . .
   _____

6. You're interested in going to a movie at the theater nearby. Your teacher informs you that there is a movie playing from Austria. He says to you . . .
   _____

7. You want a friend to go with you to a movie, but your friend tells you that he or she doesn't have enough money. You have enough money to pay for your friend's ticket as well and you tell your friend . . .
   _____

8. Several other kids are supposed to show up at your party. You've been assured that they'll be over soon. The kids at your party tell you . . .
   _____

Lektion 4

Name: _____ Datum: _____

4. *Wie heißen die Nachbarländer von Deutschland (1-9) und die Städte (A-I)?*

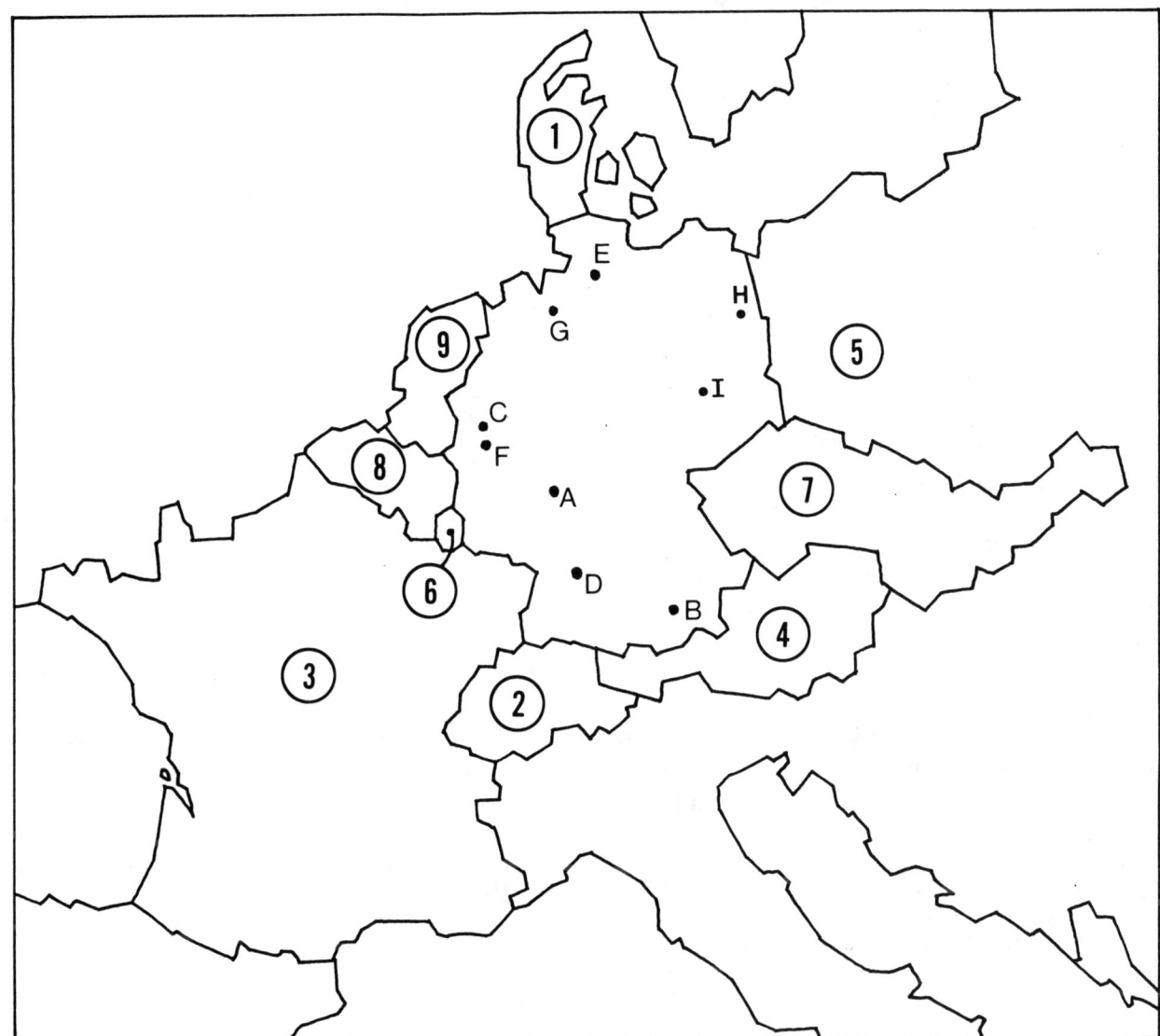

1. _____   A. _____

2. _____   B. _____

3. _____   C. _____

4. _____   D. _____

5. _____   E. _____

6. _____   F. _____

7. _____   G. _____

8. _____   H. _____

9. _____   I. _____

Deutsch Aktuell 1

Name: _____ Datum: _____

5. *In welchem Monat ist...?* (In which month is . . . ?) Indicate the month for each special event listed. *Auf deutsch, bitte!* (In German, please.)

1. Washington's birthday: _____
2. Thanksgiving: _____
3. Beginning of the school year: _____
4. Memorial Day: _____
5. Christmas: _____
6. Independence Day: _____
7. Martin Luther King Day: _____
8. Columbus Day: _____
9. St. Patrick's Day: _____
10. Your birthday: _____

6. You will find the months of the year in the letters below. The letters may go backwards or forwards; they may go up, down, across, or diagonally. However, they go only one way in any word. Can you find all the months? (Ä = AE)

```
M  A  L  A  A  P  L  R  P  G  Q  A
L  Y  M  A  I  I  L  U  J  I  A  D
I  N  G  P  O  U  P  U  L  E  N  T
N  O  T  R  J  A  N  U  A  R  O  E
L  A  E  I  V  I  E  O  E  A  V  R
M  T  Y  L  A  Y  R  B  E  U  E  A
O  S  E  P  T  E  M  B  E  R  M  N
L  U  Y  N  W  E  O  B  A  B  B  B
O  G  N  E  Z  R  E  A  M  E  E  G
H  U  R  E  B  O  T  K  O  F  R  I
G  A  D  H  B  L  E  O  W  F  W  R
O  A  D  R  S  F  G  N  I  D  M  O
```

40 Lektion 4

Name: _____   Datum: _____

7. *Wie ist das Wetter heute?* Look at each sketch below and write an appropriate answer to that question.

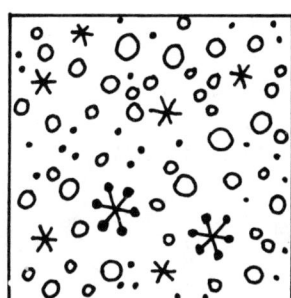   

1. _____   2. _____

_____   _____

3. _____   4. _____

_____   _____

5. _____   6. _____

_____   _____

Deutsch Aktuell 1

Name: _____ Datum: _____

8. *Wie ist das Wetter in...?* Using the information provided in the chart on the following page, report what the weather is like in the following cities. You may wish to use the vocabulary from your book or from the chart. The additional vocabulary is: *heiter* = clear, sunny; *bedeckt* = overcast; *wolkig* = cloudy; *wolkenlos* = no clouds; *Grad* = degree(s).

    Beispiel: Freiburg
                     In Freiburg ist es 14 Grad und heiter.
                     In Freiburg ist das Wetter schön. Die Sonne scheint dort.

1. Düsseldorf
   _____

2. Garmisch
   _____

3. Hamburg
   _____

4. Bad Hersfeld
   _____

5. London
   _____

6. Brüssel
   _____

7. Berlin
   _____

8. Leipzig
   _____

Name: _____ Datum: _____

Das Wetter

Lage: Die sich vom Mittelmeer erstreckende Hochdruckzone bestimmt am Samstag das Wetter mit zunehmend warmer Luft. Im Laufe des Sonntags schwenkt die über der Nordsee angelangte Kaltfront südostwärts. Ihr folgt Meeresluft polaren Ursprungs.

Vorhersage: Am Samstag nach rascher Auflösung einzelner Frühnebelfelder meist sonnig. Nachmittagstemperaturen allgemein zwischen 20 und 25 Grad. Tiefstwerte 5 bis 10 Grad.

Am Sonntag im Norddeutschen Tiefland bewölkt, aber kaum Niederschlag. Höchstwerte nur noch bei 16 Grad. In der Mitte und im Süden anfangs Aufheiterungen, im Tagesverlauf starke Bewölkung mit Schauern, im Süden zum Teil kräftige Gewitter. Nochmals warm, im Süden örtlich bis 27 Grad. Anfangs meist schwacher südlicher Wind. Am Sonntag zum Teil stark auffrischend und auf West drehend.

Aussichten: Wechselhaft und sehr kühl.

Deutscher Wetterdienst

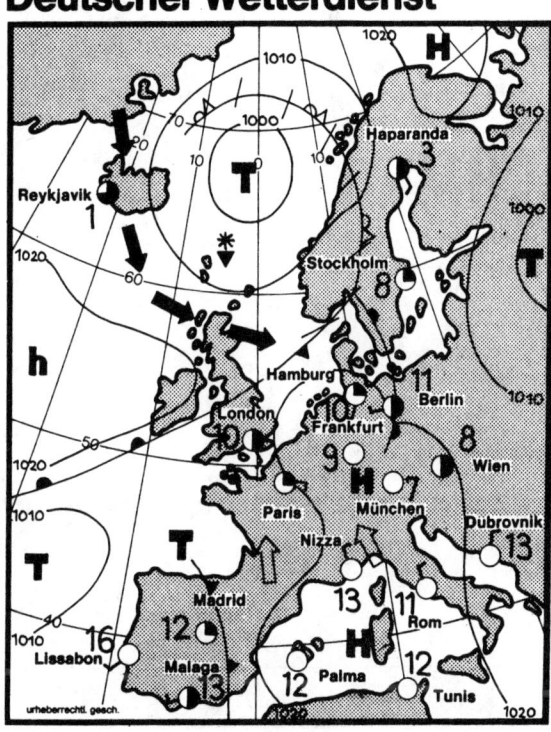

Vorhersagekarte für den 9. Mai 1987, 8 Uhr.

Zeichenerklärung:
- wolkenlos
- heiter
- halb bedeckt
- wolkig
- bedeckt
- Nordwind 10 km/h
- Ostwind 20 km/h
- Südwind 30 km/h
- Westwind 40 km/h
- Temperatur in Grad Celsius
- Nebel
- Sprühregen
- Regen
- gefrierender Regen
- Schnee
- Schauer
- Gewitter
- Niederschlagsgebiet
- Warmfront
- Okklusion
- Kaltfront am Boden
- Kaltfront in der Höhe
- Luftströmung warm
- Luftströmung kalt
- H Hochdruckzentrum
- T Tiefdruckzentrum
- h Sekundär Hoch
- t Sekundär Tief
- Isobaren

Wetter und Temperaturen in Grad Celsius vom Freitag, 11 Uhr

Deutschland:								
Helgoland	heiter	7	Konstanz	heiter	10	Warschau	bedeckt	8
Sylt	bedeckt	8	Kempten	heiter	9	Budapest	heiter	11
Schleswig	heiter	10	Oberstdorf	heiter	9	Belgrad	wolkig	11
Norderney	bedeckt	7	Zugspitze	bedeckt	-9	Dubrovnik	wolkig	15
Emden	bedeckt	7	Garmisch	bedeckt	10	Bukarest	Regen	8
Cuxhaven	bedeckt	7				Konstanza	bedeckt	11
Hamburg	bedeckt	9	**Ausland:**			Varna	bedeckt	11
Lübeck	bedeckt	7	Helsinki	heiter	10	Bozen	bedeckt	16
Greifswald	heiter	12	Stockholm	heiter	10	Venedig	heiter	20
Hannover	bedeckt	8	Oslo	heiter	9	Rom	heiter	17
Berlin	heiter	13	Dublin	heiter	13	Neapel	heiter	18
Düsseldorf	bedeckt	7	London	wolkenl.	10	Athen	heiter	16
Leipzig	bedeckt	9	Kopenhagen	heiter	14	Istanbul	bedeckt	12
Köln/Bonn	bedeckt	8	Amsterdam	heiter	9	Ankara	wolkig	13
Koblenz	bedeckt	7	Ostende	heiter	8	Larnaca	bedeckt	18
Bad Hersfeld	heiter	12	Brüssel	wolkig	8	Leningrad	Regen	3
Trier	heiter	12	Zürich	heiter	11	Moskau	Regens.	14
Feldberg/Ts.	heiter	9	Locarno	heiter	14	Las Palmas	bedeckt	21
Frankfurt/M.	heiter	13	Paris	wolkenl.	13	Casablanca*	heiter	16
Weinbiet	heiter	12	Bordeaux	wolkenl.	15	Algier*	wolkenl.	10
Saarbrücken	heiter	12	Nizza	wolkenl.	16	Tunis*	heiter	11
Stuttgart	heiter	11	Barcelona	wolkenl.	17	Tel Aviv*	heiter	22
Nürnberg	heiter	11	Madrid	heiter	15	Kairo*	wolkenl.	20
Freiburg	heiter	14	Mallorca	wolkenl.	20	Tokio*	heiter	23
Freudenstadt	heiter	9	Malaga	heiter	21	Peking*	heiter	25
München	heiter	10	Lissabon	bedeckt	13	New York*	bedeckt	15
Passau	heiter	12	Wien	heiter	11			
Feldb./Schw.	heiter	2	Innsbruck	heiter	11	* 8.00 Uhr	MEZ	
			Prag	heiter	11			

Heute: Sonnenaufgang: 5.41 Uhr   Mondaufgang: 16.01 Uhr
Sonnenuntergang: 20.57 Uhr   Monduntergang: 4.13 Uhr

Deutsch Aktuell 1

Name: _____ Datum: _____

9. Write the German word for the opposite meaning (antonym) for the words below.

1. hier _____
2. leicht _____
3. kalt _____
4. neu _____
5. ja _____
6. minus _____
7. gut _____
8. immer _____
9. spät _____
10. groß _____

10. Complete each sentence. Use a different noun with the appropriate form of the indefinite article.

1. Morgen schreiben wir _____.
2. Wir lesen gern _____.
3. Hast du _____?
4. Wieviel kostet _____?
5. Warten Sie bitte _____!
6. Ich kaufe _____.
7. Frag doch _____!
8. Kennst du _____?

Lektion 4

Name: _____ Datum: _____

11. Change each of the following statements first into questions and then into command forms.

1. Ihr geht ins Kino.
   _____
   _____

2. Sie kaufen die Karten.
   _____
   _____

3. Wir fragen die Verkäuferin.
   _____
   _____

4. Du sagst das nicht.
   _____
   _____

5. Ihr habt keine Angst.
   _____
   _____

6. Du kommst zur Party.
   _____
   _____

Name: _____ Datum: _____

12. You are not agreeing with what is being said. Indicate the opposite of what you hear.

    Beispiel: Sie hat eine Freundin.
                    Sie hat keine Freundin.

                    Ich sage das nicht.
                    Ich sage das.

1. Uwe kauft ein Buch.
   _____

2. Petra lernt Mathe.
   _____

3. Sie sind nicht sehr sportlich.
   _____

4. Wir haben keine Zeit.
   _____

5. Herr Meier ist zu Hause.
   _____

6. Der Film ist nicht spannend.
   _____

7. Ich kenne keinen Lehrer.
   _____

8. Das Mädchen hat genug Geld.
   _____

Lektion 4

Name:_____ Datum: _____

13. *Wo, Wohin* oder *Woher*? Write in the appropriate question word.

1. _____ fahren wir morgen?
2. _____ kommst du denn? Aus Dänemark?
3. _____ spielt die Musik?
4. _____ kennst du Christine?
5. _____ gehst du so früh?
6. _____ läuft dieser Film?
7. _____ ist das Gymnasium?

14. *Was fehlt hier?* Fill in the missing words listed below. The content is based on the *Lesestück*.

Pause	rocken	Karten	acht	bis	Tag
früh	lange	Show	singen	Konzerthalle	von
Jugendlichen	sieben	toll	hat	Hits	laut

In der _____ gibt es heute ein Rockkonzert. Heidi und Tina haben _____ zu der Vorstellung. Alle sind schon _____ ausverkauft. Tina _____ ein paar Kassetten _____ Grönemeyer. Schon _____ vor der Vorstellung kommt Heidi zu Tina.

Um _____ Uhr sind schon viele Fans da. Ein paar von den Fans _____ Grönemeyers Hits. Die Jugendlichen sind in der Konzerthalle sehr _____. Sie jubeln und _____. Um _____ geht's los. Grönemeyer singt bekannte _____. Die Musik ist _____. Um neun Uhr gibt es eine _____.

Später sind die _____ noch lauter. Ein paar fotografieren die _____. Die Vorstellung geht _____ nach zehn Uhr. Dieser _____ war klasse.

Deutsch Aktuell 1

Name: _____   Datum: _____

15. *Was weißt du...?* You are meeting with your friends to decide which movie theater you all would like to go to. Study the movie schedule below and on the next page and see how many questions you can answer. *Auf deutsch, bitte!* You may have to use the end vocabulary of your book for some of the words used in the questions.

1. Wo sind diese Kinos? (Wie heißt die Stadt?)
   _____

2. Welcher Film läuft im Eldorado Kino?
   _____

3. Um wieviel Uhr beginnt der Film dort am Nachmittag?
   _____

4. Wie viele Wochen läuft der Film schon im Eden Kino?
   _____

5. Wie ist die Telefonnummer vom Elite Kino?
   _____

6. Wie heißt der Film da?
   _____

7. Wer spielt in diesem Film? Wie heißt der Schauspieler (actor)?
   _____

8. Wie viele Filme haben einen englischen Titel (title)?
   _____

Die Frankfurter Erstaufführungs-Theater präsentieren:

ROYAL
Schäfergasse 10
Tel. 28 78 74

Vorverkauf und Kartenreservierung mit Computer-Kasse im Royal
12.30, 15.00, 17.45, 20.30; Fr.+Sa. 23.15   Ab 12 Jahren
Luc Besson (Subway) neuester Film, bei uns in 70mm auf der Riesenleinwand in 6-Kanal Dolby-Stereo!
Im Rausch der Tiefe — THE BIG BLUE
Es gibt einen Ort auf dieser Erde, der seltsamer ist als alle anderen, der kaum erforscht ist und sehr geheimnisvoll.
3. Woche   DOLBY STEREO

Lektion 4

Name: _____ Datum: _____

Vorverkauf und Kartenreservierung mit Computer-Kasse im Metro-Center

Metro 1 — Steinweg 12, Tel. 28 40 30
15.00, 17.30, 20.15, 23.00 Uhr — Ab 12 Jahren
MIDNIGHT RUN — 5 Tage bis Mitternacht
Das FBI will ihn zum Reden bringen. Die Mafia will, daß er für immer schweigt. **ROBERT DeNIRO** will nur, daß er den Mund hält. Mit **CHARLES CRODIN**. Regie: **Martin Brest** (Beverly Hills Cop)   DOLBY STEREO

Metro 2 — Steinweg 12, Tel. 28 40 30
15.30, 18.00, 20.30, 23.00 Uhr. — Ab 16 Jahren
RED HEAT
ARNOLD SCHWARZENEGGER und **JAMES BELUSHI**. Der eine ist der härteste Bulle von Moskau. Sein Partner ist der verrückteste Detektiv von Chikago. Zusammen sind sie unschlagbar.   DOLBY STEREO

Metro 3 — Steinweg 12, Tel. 28 40 30
15.00, 17.30, 20.00, 22.30 Uhr
Schmeiß' die Mama aus dem Zug!
Wenn Sigmund Freud diese Mutter kennengelernt hätte, er wäre nie auf die Idee gekommen, den Ödipus-Komplex zu erfinden (CINEMA). Ein großartig gespielter Spaß von und mit **DANNY DeVITO**!   4. Woche

Metro 4 — Steinweg 12, Tel. 28 40 30
15.00, 17.00, 19.00, 21.00, 23.00 Uhr — ohne Alter!
Neues von uns Kindern aus Bullerbü
Astrid Lindgrens Kinderbuch: Mir tun alle Menschen leid, die nicht in Bullerbü leben dürfen (Lisa).

BAMBI — Steinweg 12, Tel. 28 40 30
15.30, 18.00, 20.30 Uhr. — Ab 16 Jahren
GOOD MORNING VIETNAM
1965 wurde DJ Adrian Cronauer (**ROBIN WILLIAMS**) nach Vietnam geholt, um die Moral der Truppe zu heben. Seine Aufgabe: bring sie zum Lachen! Sein Problem: keine Schwierigkeiten machen! „Die beste Militärkomödie seit MASH" (Time)   5. Woche   DOLBY STEREO

Palette — Steinweg 12, Tel. 28 4030
15.00, 17.30, 20.00 Uhr — Ab 6 Jahren
Die Komödie des Jahres!
BiG   DOLBY STEREO
Der 12jährige Josh (**TOM HANKS**) will kein Dreikäsehoch mehr sein. Er wünscht sich, groß zu sein. Am nächsten Tag steckt sein Schülergemüt im Körper eines Erwachsenen.
Perfekt, lustig und goldig . . .   (NEW YORK TIMES)
KÄNGURUH-ABENDSTUDIO in der Palette tägl. 22.30 Uhr: Do./Fr: Daheim sterben die Leut'; Sa./So.: Die Reise ins Ich; Mo—Mi.: Die Ritter der Kokosnuß

Kinocenter Hauptwache, Zeil 125   (Klimaanlage!)   Tel. 28 71 57
EDEN
12.00, 14.00, 16.00, 18.00, 20.00; Fr./Sa. a. 22.00
Der große Publikumserfolg des Münchener Filmfestes 1988. Ein Filmkomödie von SERGE MEYNARD. CESAR 88 für den besten Erstlingsfilm!   12. Woche   ab 12 J.
DIE BEDUINEN VON PARIS

Schäfergasse 29   „Haus für Filmkunst"   (Klimaanlage!)   Tel. 28 13 48
Eldorado
16.00, 18.15, 20.30; Fr./Sa. a. 22.45 Uhr
Eine rundum geglückte Inszenierung mit Mut und Gefühl und zum Lachen unter Tränen. Ein Film wie eine Oase der Erholung und Besinnung (AZ, München). Der neue Film von MARGARETHE VON TROTTA.   2. Woche
FÜRCHTEN und LIEBEN
Prädikat: besonders wertvoll   Ab 12 Jahren

Kinocenter Hauptwache, Zeil 125   (Klimaanlage!)   Tel. 28 71 57
ELITE
12.30, 15.00, 17.30, 20.00; Fr./Sa. a. 22.30   7. Woche
Bedrohung. Brodelnde Nightclubs. Eine Frau in schwarzem Leder. Ein Mord. Ein Urlaub in Paris wird zum Alptraum. **Harrison Ford** in   Ab 12 Jahren
FRANTIC   DOLBY STEREO
Der neue **Roman-Polanski-Film**

Deutsch Aktuell 1

Name: _____ Datum: _____

16. *Im Hansatheater.* Look at the information below and answer the questions that follow. *Auf deutsch!*

Hansa-Varieté-Schau

Täglich 16 und 20 Uhr, sonntags 15 und 19 Uhr
Steindamm 17 · 2000 Hamburg 1 · Telefon 040/24 14 14

Internationale Artisten von Weltruf, Attraktionen von erlesener Güte, inszeniert in unserem einzigartigen Stil voll Tempo, Komik und Humor. Diese bunte lebende Schau nur im festlichen Theater — nie im Fernsehen.

EINTRITTSPREISE		
Montag bis Freitag .... 16.00 Uhr		DM 15,— oder DM 21,—
Sonnabend .... 16.00 Uhr **sonn- und feiertags** .... 15.00 Uhr	}	DM 21,— oder DM 26,—
Montag bis Freitag .... 20.00 Uhr **sonn- und feiertags** .... 19.00 Uhr	}	DM 23,— oder DM 29,—
Sonnabend .... 20.00 Uhr		DM 29,— oder DM 35,—

Stets die volle Schau, auch nachmittags. Kinder (nur in Begleitung) gleiche Preise.
Karten-Verkauf an der Tageskasse im Theatereingang täglich, von 11 bis 21 Uhr, sonntags von 11 bis 20 Uhr jeweils für 14 Tage im voraus ohne Aufschlag.
Telefonische Platzreservierungen: 24 14 14

Verständlich für alle Ausländer

Entspannung durch Spannung, brillante Artistik, verwegene Akrobatik, vollendete Tierdressuren, Glanzleistungen moderner Tanzkunst und sprühender Humor — fast drei Stunden lang wirbelt ein buntes, lustiges und atemberaubendes Geschehen in minutiösem Ablauf über die Bühne des Hansa-Theaters. Der Gast erlebt eine Welt von prickelndem Reiz, eine Welt jenseits von Alltag und Sorgen, in der Kraft, Schönheit, Leistung und mitreißend gute Laune sich zu einer reichen Spielfolge verbinden. Das Hansa-Theater bietet jedem etwas Besonderes und schenkt allen Stunden anregendster Unterhaltung.

Einzigartiges Theater

mit Gastronomie und Raucherlaubnis · Reihenbestuhlung vor Spezialtischen.
Nur totale Endpreise, Bedienung und
gesetzliche Mehrwertsteuer eingeschlossen.

Kaffee/Tee/Kakao Kännchen DM 5,—	**Weine:** nur Erzeugerabf. 1/1 Fl. von DM 21,— bis 43,—
Holsten Export Flasche DM 4,—	**Markensekt** einschl. Bedienung und Steuern
Kulmbacher Pilsener 1/2 ltr. DM 4,80	MM Extra 1/4 Fl. DM 13,50 1/1 Fl. DM 36,—
Echt Pilsner Urquell Flasche DM 4,90	**Brot:** Ei/Schinken/Cervelat/Käse DM 3,30
Bommerlunder, Doornkaat DM 3,10	Räucheraal DM 6,80
Weinbrand Scharlachberg DM 3,90	**Theaterteller** DM 10,—
Vermouth/Portwein/Sherry DM 4,30	**Torte:** Schwarzwälder/Nuß/Mocca DM 3,80
Scotch Whisky Chivas Regal DM 4,90	Preisänderungen vorbehalten

Lektion 4

Name:_____ Datum: _____

1. Wo ist das Hansatheater?
   _____

2. Wie ist die Telefonnummer?
   _____

3. Wieviel kostet eine Karte für Mittwoch um vier Uhr?
   _____

4. Und für Sonntag?
   _____

5. Wie viele Hansa-Varieté-Schaus gibt es am Sonnabend?
   _____

6. Ist diese Schau auch im Fernsehen (on TV)?
   _____

17. *Kreuzworträtsel*

Ü=UE

Waagerecht
1. Grönemeyer und seine Band spielen in der _____.
7. Hamburg liegt nicht weit _____ Bremen.
9. Kommst du morgen? _____, ich komme schon heute.
11. Eine Stunde vor der Vorstellung machen sie die _____ auf.
13. Hast du eine Freundin? _____, sie heißt Susanne.
14. Das ist _____ Lineal.
16. „Jetzt" auf englisch.
18. _____, wie schön!
19. _____ kommt zur Party?
21. _____ ist heute sehr kalt.
23. Wohin _____ ihr so spät?
25. Wir gehen ins _____.
27. Sie fahren mit dem Fahrrad _____ die Stadt.
28. „Es" auf englisch.
29. „Nein" auf englisch.
30. Um wieviel Uhr kommt _____ Lehrer?
31. Ein Nachbarland von der Bundesrepublik.

Senkrecht
1. Wieviel _____ eine Karte?
2. Ein Monat.
3. Lesen wir _____ Buch!
4. Ich habe nichts zu _____.
5. Die Schweiz ist ein Nachbar_____ von Frankreich.
6. Diese Aufgabe ist nicht schwer. Sie ist ganz _____.
8. „Oder" auf englisch.
10. Tanja wohnt gleich um die _____.
12. Es ist warm. Die _____ scheint.
15. Die Jungen and Mädchen gehen schon um halb acht _____ die Schule.
17. Wie ist das _____ heute? Es regnet.
20. Hast du _____ Freund?
22. Kauf doch _____ Kuli!
23. Ich _____ zu Elke.
24. „Hallo" auf englisch.
26. Hamburg liegt in _____deutschland.
30. Wo ist Holger? Er ist _____ drüben.

52   Lektion 4

Name: _____ Datum: _____

Lektion 5

1. **Select the logical response on the right to each question or statement on the left. The content is based on the opening conversation of this lesson.**

   _____ 1. Sie kann ja warten.   a. Einen Moment. Ich komme gleich.

   _____ 2. Was wirst du machen?   b. Das macht nichts.

   _____ 3. Ich habe zu wenig Geld.   c. Ja, aber es ist dort nicht billig.

   _____ 4. Zahlen, bitte.   d. Bringen Sie Schokoeis, bitte.

   _____ 5. Die Auswahl ist groß.   e. Ich habe nichts vor.

   _____ 6. Gehen wir zum Eiscafé.   f. Gute Idee.

   _____ 7. Bitte?   g. Sie hat aber keine Zeit.

   _____ 8. Schmeckt's gut?   h. Ja, besonders die Schlagsahne.

2. **Fill in the missing words.**

   1. Im Eiscafé Meier gibt's deutsches _____.
   2. Wie _____ das Eis?
   3. _____ du einen Hawaiibecher?
   4. Ich _____ das Eis sofort.
   5. Was gibt es im _____? Eine Quizshow.
   6. Was _____ du vor? Nichts.
   7. Ich kann dir zwanzig _____ leihen.
   8. Wir _____ später zu Heike.

Deutsch Aktuell 1   53

Name: _____ Datum: _____

3. Look at the menu below and answer the questions that follow.

10 Kleine Portion Eis	**DM 3,00**
11 Mittlere Portion Eis	**DM 4,50**
12 Große Portion Eis	**DM 6,00**
13 mit Sahne zuzüglich	**DM 0,60**

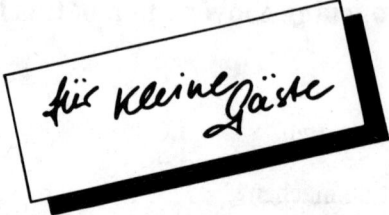

14 Eisvergnügen .... **DM 4,00**
Vanille- und Schokoladen-Milchspeiseeis und Fruchteis Erdbeer, Sahne

15 Pinocchio .... **DM 3,00**
Fruchteis, Sahne, Schokostreusel und Waffel

16 Phantasie .... **DM 4,50**
Vanille-Milchspeiseeis, Sahne, bunte Schoko-Streusel, eine kleine Überraschung aus Marzipan

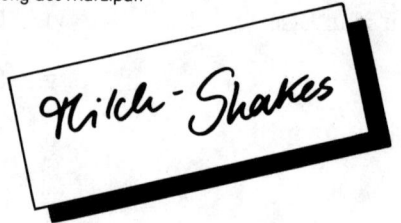

17 Milch Shake Vanille, Schoko, Erdbeer, Himbeer, Banane .... **DM 2,50**
18 mit Sahne .... **DM 3,00**
19 mit Likör .... **DM 5,00**

20 Frische Erdbeeren mit Sahne (Saison) .... **DM 5,50**
21 Joghurtbecher .... **DM 3,50**
22 Vanille-Milchspeiseeis mit heißen Himbeeren und Sahne .... **DM 6,00**
23 Vanille-Milchspeiseeis mit heißer Schoko-Sauce und Sahne . **DM 6,00**

24 Waffel (Saison) .... **DM 2,50**
25 Waffel mit heißen Kirschen und Sahne (Saison) .... **DM 4,00**

Weiteres Gebäck nach besonderem Angebot

Name: _____ Datum: _____

1. Wieviel kostet eine „Große Portion Eis"?
   _____

2. Für wen ist das „Eisvergnügen"?
   _____

3. Was für Eis ist in einem Milch Shake?
   _____

4. Kann man „Frische Erdbeeren" während jeder Jahreszeit bekommen?
   _____

5. Welche zwei Desserts kosten DM 4,50?
   _____

6. Was ist „Pinocchio"?
   _____

4. *Was paßt hier?* Find the seven pairs of words that will combine to new words (compound nouns).

MILCH	TEE	EIS	SAFT	BECHER	SAHNE	HAWAII
QUIZ	FERN	SCHLAG	SHOW	SEHEN	MIX	APFEL

1. _____
2. _____
3. _____
4. _____
5. _____
6. _____
7. _____

Deutsch Aktuell 1   55

Name: _____ Datum: _____

5. *Wo ist...? Du stehst am Dom in Salzburg. Beantworte die Fragen!* **Check the map below to answer the questions.**

die Autobahn nach Wien
Die Autobahn nach Wien ist im Norden der Stadt.

die Hauptstraße
Die Hauptstraße ist nicht weit von hier.

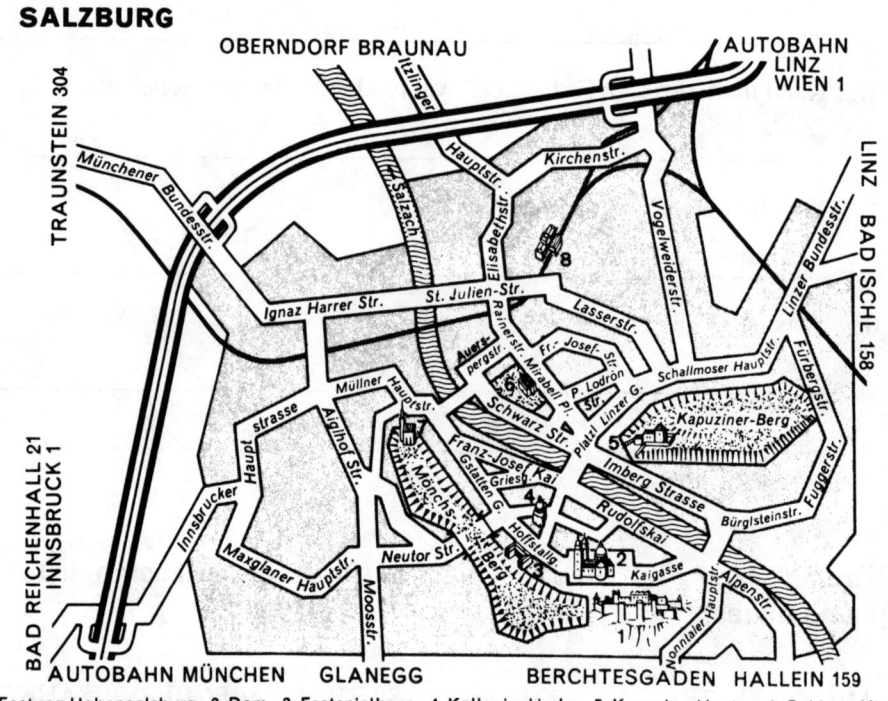

1 Festung Hohensalzburg 2 Dom 3 Festspielhaus 4 Kollegienkirche 5 Kapuzinerkloster 6 Schloss Mirabell
7 Augustinerkirche 8 Hauptbahnhof

1. die Neutor Straße
   _____

2. die Autobahn nach München
   _____

3. der Kapuziner Berg
   _____

4. Schloß Mirabell
   _____

5. die Kaigasse
   _____

6. die Kirchenstraße
   _____

Lektion 5

Name: _____ Datum: _____

6. Say each word and then indicate if the underlined letters represent a short or a long sound. Write and *l* if it is long and an *s* if it is short.

1. F<u>u</u>ß _____
2. W<u>e</u>g _____
3. l<u>e</u>cker _____
4. <u>e</u>r _____
5. m<u>u</u>ß _____
6. g<u>e</u>ben _____
7. <u>U</u>hr _____
8. <u>e</u>s _____

9. s<u>e</u>hr _____
10. s<u>e</u>hen _____
11. <u>u</u>nd _____
12. schl<u>e</u>cht _____
13. d<u>u</u> _____
14. M<u>u</u>sik _____
15. M<u>e</u>ter _____

7. Complete the following conversation by filling in the appropriate forms of these modals: *können, möchten, müssen, wollen*. You may be able to use more than one modal.

Heinz: Du, Christa, _____ du morgen ins Kino gehen?

Christa: Nein, Heinz. Ich _____ nicht. Ich _____ noch bis dann ein Buch lesen.

Heinz: Das _____ ich auch tun.

Christa: Ich _____ meine Arbeit heute machen.

Heinz: _____ du später rüberkommen?

Christa: Ich _____ schon, aber heute geht es wirklich nicht.

Deutsch Aktuell 1

Name: _____ Datum: _____

8. Fill in the proper forms of the words listed in parentheses.

1. Wir (werden) _____ am Montag zum Jugendklub gehen.
2. Ich (mögen) _____ den Apfelsaft nicht.
3. (wollen) _____ du das Erdbeereis essen?
4. (sollen) _____ ihr die Karten kaufen?
5. Erika (dürfen) _____ morgen rüberkommen.
6. (werden) _____ ihr nach Europa fahren?
7. Jörg (müssen) _____ die Lehrerin fragen.
8. Ich (können) _____ das nicht verstehen.
9. Die Jugendlichen (sollen) _____ vor der Tür warten.
10. (dürfen) _____ ihr dort laut sein?

9. Change the following sentences from the future to the present tense.

1. Ich werde bestimmt kommen.
   _____

2. Wird das Zitroneneis schmecken?
   _____

3. Rudi wird Maria dreißig Mark leihen.
   _____

4. Werdet ihr die Karten kaufen?
   _____

5. Die Auswahl wird groß sein.
   _____

6. Was werden Sie essen?
   _____

7. Wir werden ins Kino gehen.
   _____

8. Wirst du ein Glas Milch trinken?
   _____

Name: _____ Datum: _____

10. Form meaningful sentences, using the words provided.

1. Ich / wollen / drei Uhr / ins Eiscafé gehen

   _____

2. Werden / du / Verkäuferin / fragen

   _____

3. Mögen / ihr / Tasse Kaffee

   _____

4. Jugendlichen / wollen / CDs / hören

   _____

5. Jugendklub / sollen / toll / sein

   _____

6. Möchten / Sie / Film / sehen

   _____

7. Warum / müssen / Jochen / heute / Buch / lesen

   _____

8. Konzert / werden / schon / fünf Uhr / beginnen

   _____

Deutsch Aktuell 1

Name: _____ Datum: _____

11. **Beantworte diese Fragen!**

1. Möchtest du ins Eiscafé gehen?
   _____

2. Wann willst du zum Eiscafé gehen?
   _____

3. Was wirst du dort essen?
   _____

4. Was trinkst du gern?
   _____

5. Wo ist die Schule?
   _____

6. Wie kommst du zur Schule?
   _____

12. **Fill in the plural forms for the nouns listed in parentheses.**

1. Ich trinke drei (Glas) _____ Milch.
2. Wie viele (Haus) _____ sind da?
3. Wir müssen fünfzig (Seite) _____ lesen.
4. Hast du viele (Fach) _____?
5. Mein Freund hat zwei (Heft) _____.
6. Die Jugendlichen hören ein paar (Kassette) _____.
7. Kauft ihr die (Sweatshirt) _____?
8. Frag doch die (Lehrerin) _____!
9. Könnt ihr zehn (Minute) _____ warten?
10. Die (Film) _____ sind ganz toll.

Name: _____ Datum: _____

13. Identify each of the illustrations below by writing the article and noun for both the singular and the plural.

Beispiel:    das Auto, die Autos

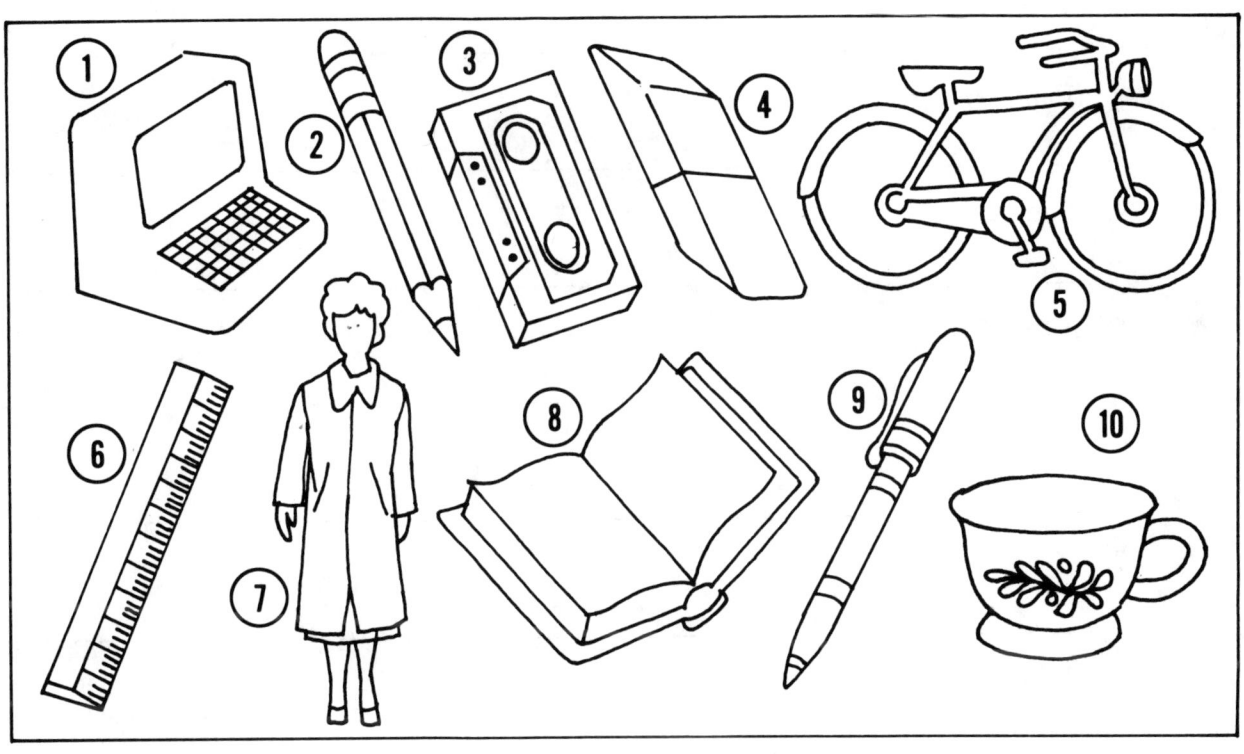

1. _____
2. _____
3. _____
4. _____
5. _____
6. _____
7. _____
8. _____
9. _____
10. _____

Name: _____ Datum: _____

14. *Kennst du...?* Complete this question by giving the singular and plural forms.

Beispiel: Schüler
den Schüler, die Schüler

1. Mädchen
   _____

2. Lehrer
   _____

3. Herr
   _____

4. Freund
   _____

5. Verkäuferin
   _____

6. Junge
   _____

7. Kellner
   _____

8. Frau
   _____

15. Complete the appropriate information, based on the *Lesestück*.

Im _____ ist am Donnerstag viel los. Natascha, Katja, Andreas und Björn sind um 6 _____ 30 dort. Sie müssen _____ Minuten warten, bis sie hineingehen können. Viele Jungen und _____ stehen vor der Tür. Alle _____ um 19 Uhr in den Klub hinein.

62

Lektion 5

Name: _____ Datum: _____

Björn, Andreas, Katja und Natascha sitzen an einem _____. Andreas _____ Durst. Er kauft _____ Colas.

Peter ist ein _____. Seine _____ singt ein paar _____. Sie ist im Klub sehr _____. Die vier Jugendlichen sitzen nicht lange. Sie _____. Im Klub ist es nicht kalt.

Es ist _____. Andreas will zum Tisch zurück und die Cola _____.

16. *Im Jugendklub „Am Übergang". Kannst du die Fragen beantworten?*

Tanz für Paare — ÜBERGANG AM JUGENDKLUB IN GRÜNAU — „Live" — Kinothek — „Mittwochsparty"

- *Jugendklub mit Format* -

Dahlienstraße, Leipzig-Grünau
Jugendklubleiter: Lutz Köhler
Vorbestellung: Montag bis 16.00 Uhr
Telefon: 47 79 96

1. Wo ist dieser Jugendklub?
   _____

2. In welcher Straße ist der Jugendklub?
   _____

3. Wann ist immer viel los?
   _____

4. Was gibt es dann?
   _____

5. Wie heißt der Leiter (manager)?
   _____

6. Bis wann kann man Karten vorbestellen (order in advance)?
   _____

7. Wie ist die Telefonnummer?
   _____

Deutsch Aktuell 1

Name: _____ Datum: _____

17. Match each word with its counterpart listed below. You will not use all the words.

viel	morgen	Herr	Geld	plus	lesen
stehen	schwitzen	Winter	Stadt	essen	kein
pünktlich	kommen	klein	schnell	nach	Mädchen

1. sitzen _____
2. gehen _____
3. Junge _____
4. minus _____
5. vor _____
6. wenig _____
7. trinken _____
8. Sommer _____
9. langsam _____
10. ein _____
11. heute _____
12. Frau _____
13. schreiben _____
14. Vorort _____

18. Ergänze diesen Dialog!

A: Ich tanze gern. Und du?

B: _____

A: Hörst du gern Rockmusik?

B: _____

A: Spielt er Kassetten?

B: _____

A: Singt er bekannte Hits?

B: _____

A: Möchtest du tanzen?

B: _____

A: Gut, dann warten wir etwas.

Name:_____ Datum: _____

19. Complete the following statements, based on the reading selection *Land und Leute (Österreich)*.

Österreich liegt in der Mitte von _____. Dieses Land ist ungefähr so groß wie der Staat _____. Mehr als _____ Millionen Einwohner wohnen in Österreich. Die meisten Österreicher sprechen _____. Es grenzen sieben Länder an Österreich. Diese sind: die Schweiz, Liechtenstein, _____, Jugoslawien, Ungarn, die Tschechoslowakei und die _____.

Österreich liegt zum größten Teil in den _____. Der höchste _____ ist der Großglockner. Die _____ ist der längste Fluß. Sie fließt von _____ nach Osten.

Die Hauptstadt von Österreich ist _____. Diese Stadt liegt im _____ Österreichs. Viele Touristen kommen jedes Jahr zum Musikfest nach _____. Die Stadt Innsbruck ist während jeder _____ beliebt.

Deutsch Aktuell 1

Name: _____ Datum: _____

20. Wie heißen die sieben Nachbarländer (1-7) und die fünf größten Städte (A-E) Österreichs?

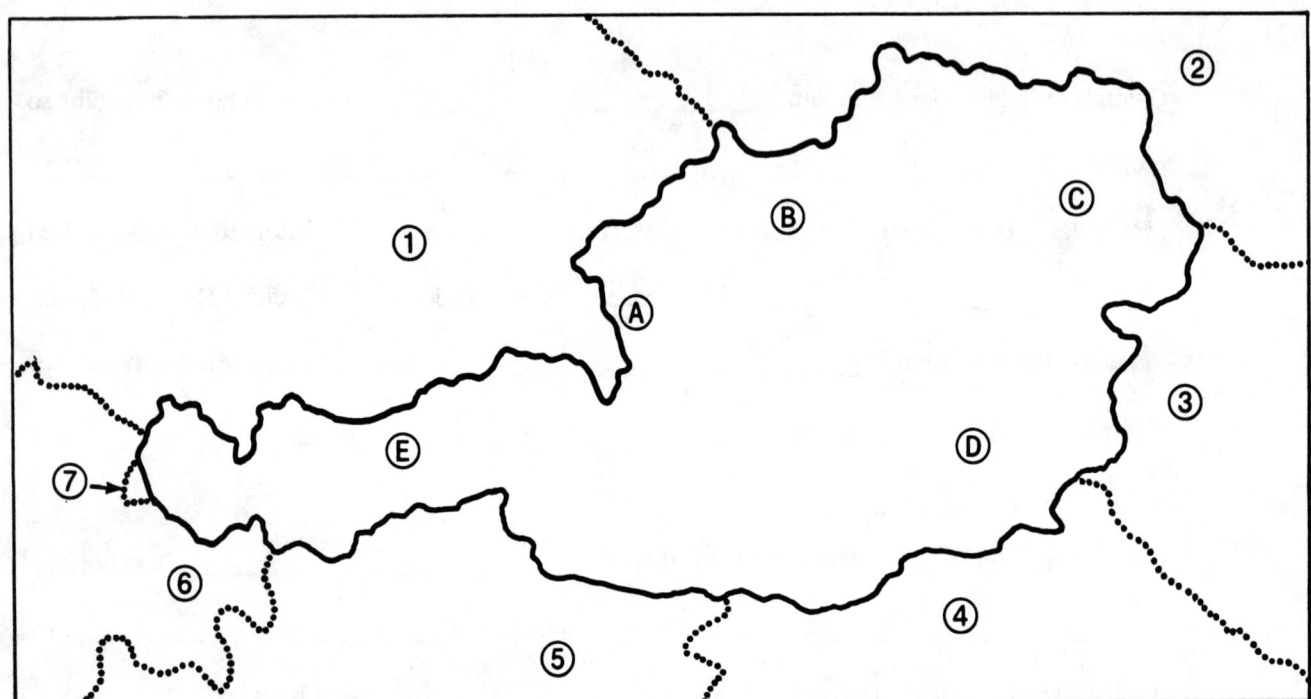

1. _____   A. _____
2. _____   B. _____
3. _____   C. _____
4. _____   D. _____
5. _____   E. _____
6. _____
7. _____

Name:_____ Datum: _____

21. Write a short essay (in English) about one of the following three topics. You may have to ask your teacher for assistance to obtain additional information. You may also want to check your library for some material.

1. Austria -- history (after World War I) and geography.

2. Differences and similarities of youth activities between the *DDR* and the U.S.

3. Select one of the five major Austrian cities (Wien, Graz, Linz, Salzburg, Innsbruck) and write a paragraph advertising its sites and importance in a tourism brochure.

_____
_____
_____
_____
_____
_____
_____
_____
_____
_____
_____
_____
_____
_____
_____
_____

Deutsch Aktuell 1

22. Kreuzworträtsel

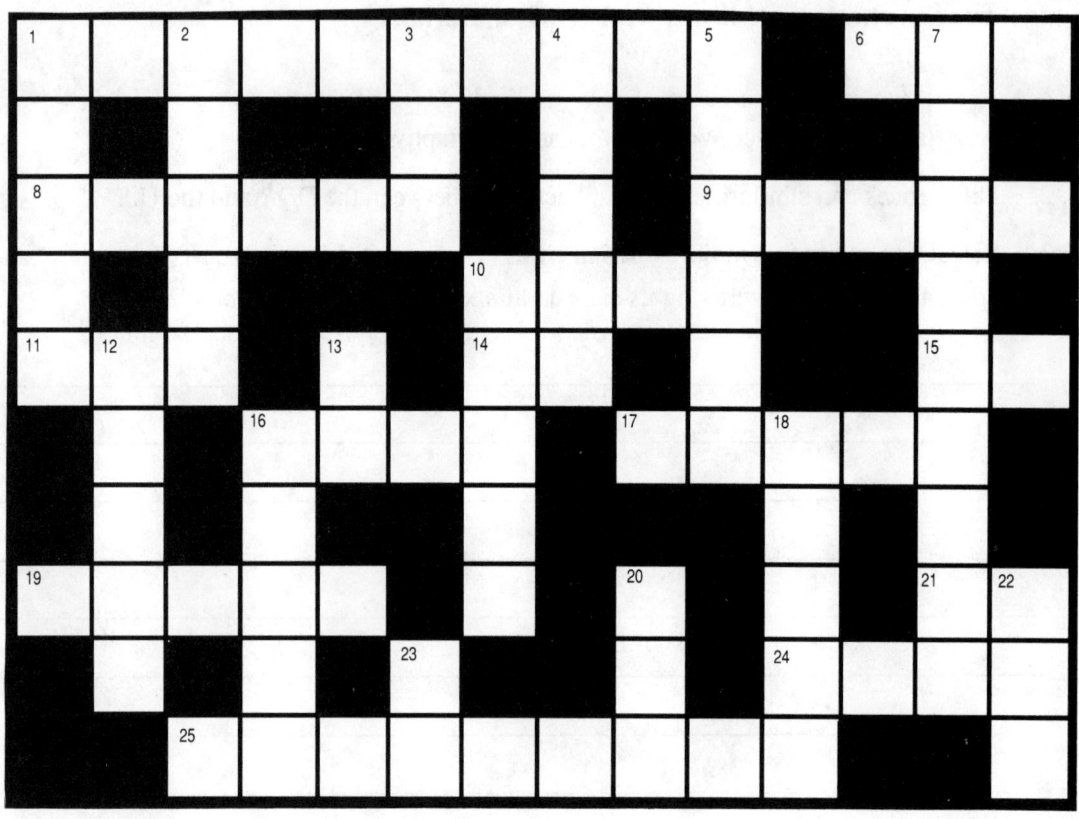

ß = SS

Waagerecht

1. Ich esse gern _____.
6. Wieviel Uhr _____ es?
8. Sie _____ vor der Tür.
9. Ich _____ Monika etwas Geld.
10. Österreich liegt zum größten _____ in den Alpen.
11. Opposite of "immer."
14. Wir gehen _____ die Schule.
15. Deutschland liegt _____ Europa.
16. Ich _____ schon um vier nach Hause.
17. Wann fahren wir in die _____?
19. Die Aufgabe steht auf _____ 32.
21. _____ tanzt sehr gern.
24. Hast du _____ Freundin?
25. Im _____ gibt's eine Quizshow.

Senkrecht

1. Möchtest du das Schokoeis _____?
2. Hamburg liegt im Norden. _____ Stadt ist sehr bekannt.
3. Ich trinke _____ Glas Milch.
4. Kennst du _____ Jugendklub?
5. _____ du das Buch lesen?
7. Es ist sehr heiß. Die Jugendlichen _____ sehr.
10. Sie sitzen alle am _____.
12. The opposite of "nie."
13. Was machst _____ nach der Schule?
16. Österreich liegt in der _____.
18. Die _____ sind in Süddeutschland, Österreich und der Schweiz.
20. _____ komme nicht zur Party.
22. „Rot" auf englisch.
23. "_____" and "dem" = "am."

Lektion 5

Name: _____ Datum: _____

Lektion 6

1. Select the logical response on the right to the questions or statements on the left. The content is based on the opening narrative of this lesson.

_____ 1. Wen möchtest du einladen?   a. Ja, es ist Sabines Geburtstag.

_____ 2. Wer bäckt denn den Kuchen?   b. Wer soll denn kommen?

_____ 3. Mittwoch ist ein besonderer Tag.   c. Ins Wohnzimmer.

_____ 4. Die Gäste kommen um vier.   d. Am Morgen.

_____ 5. Schreib doch die Einladungen!   e. Nein, erst fünfzehn.

_____ 6. Wohin stellt sie den Kuchen?   f. Ein paar Freunde und Freundinnen.

_____ 7. Wann bäckt sie den Kuchen?   g. Oh, wie schön!

_____ 8. Sie ist bestimmt schon sechzehn.   h. Die Oma. Sie bäckt sehr gern.

2. Complete the following text by filling in the missing words based on the narrative and conversation at the beginning of this lesson.

Sabine hat _____. Sie wird 15 Jahre _____. Sie will ihre _____ und Freundinnen einladen. Sabines beste Freundin heißt _____. Sabines Oma _____ einen Kuchen. Sie stellt den Kuchen auf den _____.

Uschi kommt. Sie hat ein _____ für Sabine. Der Kuchen _____ lecker. Die Limo ist gut für den _____. Das _____ ist auf dem Tisch.

Später sitzen alle im _____. Die Jugendlichen _____ und Anne spielt _____. Sie spielen auch _____. Das macht _____ Spaß. Um _____ Uhr gehen alle Gäste nach Hause. Sabine _____ den Gästen für die Geschenke.

Deutsch Aktuell 1

Name: _____ Datum: _____

3. *Welche Wörter fehlen hier?* (Which words are missing here?)

1. Herzlichen Glückwunsch zum _____!
2. _____ gefällt dir das Geschenk?
3. _____ Sie her, bitte!
4. _____ danke meinen Freunden.
5. Es _____ viel Spaß.
6. Morgen ist ein besonderer _____ für Dieter.
7. Sie dekoriert den _____.
8. Deck den _____, bitte!
9. _____, was ihr wollt!
10. Wir singen viele _____.

4. Fill out the form below. You may need to know these items: *PLZ/Postleitzahl* = zip code, *Ort* = town or city, *Zustellbezirk* = district of delivery.

Gutschein für meine persönliche ›Bayern-Chronik‹

Mein Geburtstag   [ ]

Mein Geburtsmonat   [ ]

Mein Geburtsjahr   [ ]

_____
Name, Vorname

_____
Straße, Haus-Nr.

_____
PLZ, Ort, Zustellbezirk

Lektion 6

5. Ergänze diesen Dialog!

A: Herzlichen Glückwunsch zum Geburtstag!

B: _____

A: Sechzehn.

B: _____

A: Wann hast du Geburtstag?

B: _____

A: Ist das ein Dienstag?

B: _____

A: Toll! Dann hast du keine Schule.

B: _____

6. *Die Familie.* Fill in the correct relationship word, using the family tree provided.

1. Herbert ist Lisels _____.

2. Frau Schmidts Schwester ist Herberts und Lisels _____.

3. Herr Neumann ist Frau Schmidts _____.

4. Lisels Großmutter heißt _____.

5. Lisels Vater heißt _____.

6. Herbert ist Herr und Frau Schmidts _____.

7. Herr und Frau Schmidt sind Herberts und Lisels _____.

8. Herbert ist Frau Neumanns _____.

9. Frau Neumann ist Frau Schmidts _____.

10. Lisel und Herbert sind _____.

Deutsch Aktuell 1

Name: _____ Datum: _____

7. *Wo sind sie alle?* Find the ten words that refer to relatives in the letters below. The letters may go backwards or forwards; they may go up, down, across or diagonally. However, they go only one way in any word. *Kannst du sie finden?* ß=SS

```
R  E  T  A  V  S  S  O  R  G
E  X  V  I  L  E  N  K  E  L
T  M  P  A  S  E  Z  A  D  E
H  L  A  K  T  Q  T  V  U  E
C  I  O  N  K  E  L  M  R  L
O  N  A  D  H  T  R  C  B  T
T  T  B  K  N  O  R  Q  B  E
A  S  C  H  W  E  S  T  E  R
M  T  U  K  E  I  Z  Y  P  N
```

8. Form meaningful sentences, using the words provided.

1. Haben / du / am 5. Juli / Geburtstag

   _____

2. Ich / möchten / Einladung / bekommen

   _____

3. Gäste / kommen / sechs / Uhr

   _____

4. Cola / schmecken / gut

   _____

5. Wer / backen / Kuchen

   _____

6. Ich / spielen / Gitarre / und / Jugendlichen / singen / Volkslieder

   _____

Name: _____   Datum: _____

9. Rewrite each of the following sentences. First, change each sentence to a question. Then, substitute the proper pronouns for the italicized words.

    Beispiel: Ihr kauft *die Karten*.
                   Kauft ihr sie?

1. Du magst *den Film* nicht.

2. Ich soll *den Kellner* fragen.

3. Ihr lest *das Buch*.

4. Wir schreiben *die Aufgaben*.

5. Peter fotografiert *den Gast*.

6. Herr Tölz besucht gern *die Stadt*.

7. Du kennst *den Hit* gut.

8. Tina hat *das Geld*.

Deutsch Aktuell 1

Name: _____ Datum: _____

10. Select the appropriate verb from the list that best completes each phrase.

    trinken   spielen   singen   beginnen   dekorieren
    fahren   schreiben   bekommen   haben   sein

1. den Kuchen _____
2. eine Tasse Kaffee _____
3. viele Einladungen _____
4. ein paar Geschenke _____
5. Gitarre _____
6. Volkslieder _____
7. Geburtstag _____
8. achtzehn Jahre alt _____
9. die Lektion _____
10. mit dem Fahrrad _____

11. Fill in the proper forms of the verbs provided in parentheses.

1. (verlassen) Um wieviel Uhr _____ die Schüler das Gymnasium.
2. (sprechen) Die Verkäuferin _____ sehr schnell.
3. (lesen) _____ du diese Seiten?
4. (essen) _____ ihr schon so früh?
5. (fahren) Wann _____ Rolf in die Stadt?
6. (geben) Was _____ es heute im Kino?
7. (nehmen) Wir _____ zehn Mark mit.
8. (laufen) Der Film _____ schon.

Lektion 6

12. **Complete the following sentences, based on the *Lesestück*.**

Hohenschönhausen ist ein _____ von Berlin. Familie Huber wohnt in einem _____. Hubers wohnen schon _____ Jahre dort. Am Morgen kommen sie _____ 7 Uhr 30 aus dem Haus. Herr Huber arbeitet in einem _____, aber Boris' Mutter arbeitet in einem _____. Boris ist in der 10. Klasse auf einem _____.

Boris kommt nach eins _____ der Schule. Dann geht er gleich nach _____. Zu Hause _____ er ein Stück Brot und trinkt ein Glas _____. In Mathe hat er fast immer etwas _____. Boris sammelt gern _____. Sein _____ Achim sammelt sie auch.

Nach der Arbeit geht Frau Huber _____. Nicht weit von ihrer Wohnung gibt es einen _____. Sie _____ dort alles, was sie braucht. Heute essen Hubers eine Kalte _____. Nach dem Essen _____ Herr Huber das Geschirr. Frau Huber ist im Wohnzimmer und _____ eine Zeitung. Später _____ Hubers fern.

Boris fährt mit dem _____ zum Jugendklub. Im Klub ist immer etwas _____.

Deutsch Aktuell 1

Name: _____ Datum: _____

13. Write eight things the Hubers do that are different from your routine. Then, write what is typical for you and your family.

_____
_____
_____
_____
_____
_____
_____
_____
_____
_____

14. *Beschreibe deine Familie und dein Haus oder deine Wohnung!* In your description you may want to include these details: (1) location, (2) rooms and (3) family members.

_____
_____
_____
_____
_____
_____
_____
_____
_____
_____
_____
_____

Lektion 6

15. Wieviel kannst du verstehen? Beantworte diese Fragen!

Elektronisches Notizbuch, einfachst zu handhaben

Phone-Card

• Speicher für bis zu 420 Namen + Telefonnummern mit Vorwahl, Geburtstage oder beliebige andere Daten • automatische alphabetische Sortierung der Eingaben • einfacher Abruf durch Eingabe des Anfangsbuchstabens • zugleich Taschenrechner mit Speicher • nur ca. 5,3 x 8,5 x 0,4 cm • **bei Batteriewechsel bleiben die gespeicherten Daten erhalten**

Inkl. Etui

69.⁹⁰

Art.-Nr. 60-929

Beispiel: Name und Telefon-Nummer

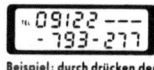

Beispiel: durch drücken der Taste „AREA CODE" wird Vorwahl-Nr. aufgerufen

Beispiel: Name und Geburtsdatum

Beispiel: Bankverbindung mit Konto-Nr.

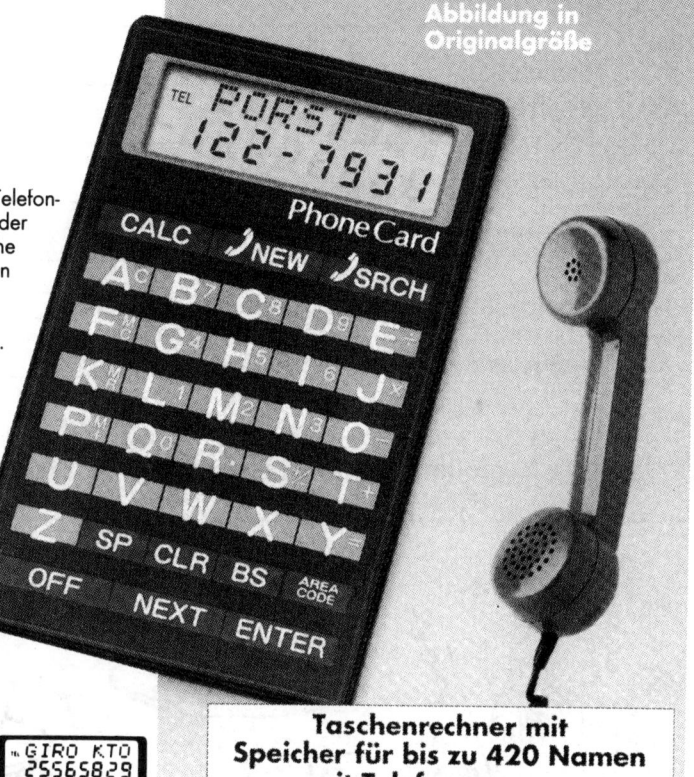

Taschenrechner mit Speicher für bis zu 420 Namen mit Telefonnummer

1. Wieviel kostet dieser Taschenrechner?

2. Ist es schwer zu handhaben (handle)?

3. Wie groß ist der Taschenrechner?

4. Wie viele Namen speichert (stores) der Taschenrechner?

5. Speichert der Taschenrechner nur Namen?

Name: _____ Datum: _____

16. Ergänze diese Sätze!

1. Sein Vater arbeitet _____.
2. Ich gehe um _____.
3. Sammelst du _____?
4. Ich esse _____ und trinke _____.
5. Müßt ihr das Geschirr _____?
6. Möchten Sie _____ lesen?
7. Heute gibt es im Fernsehen ein interessantes _____.
8. Am Abend sind viele Jugendliche _____.

17. Identify the following items. Determine the article as well. *Auf deutsch, bitte!*

1. _____ 6. _____
2. _____ 7. _____
3. _____ 8. _____
4. _____ 9. _____
5. _____ 10. _____

78   Lektion 6

Name:_____ Datum:_____

18. Match each word with its counterpart listed below. You will not use all the words.

      Tante   neu   bekommen   bringen   nie
      morgen   später   Bruder   viel   Vater

1. immer   _____
2. Mutter   _____
3. sofort   _____
4. alt   _____
5. geben   _____
6. wenig   _____
7. heute   _____
8. Onkel   _____
9. Schwester _____
10. holen   _____

19. *Was hast du morgen vor?* Write a short paragraph on what you're planning to do tomorrow. Use as much imagination as possible.

_____
_____
_____
_____
_____
_____
_____
_____
_____

Deutsch Aktuell 1

20. Kreuzworträtsel

Waagerecht
1. Opa.
7. „Sind" auf englisch.
8. Im Jugendklub haben wir viel _____.
9. _____ bin fünfzehn Jahre alt.
10. Wir _____ heute keine Zeit.
11. Kommst du zu uns rüber?
13. _____ Sie, was Sie wollen.
15. _____ heißt Walter.
16. Kommen _____ zum Geburtstag?
17. Ich _____ am Abend fern.
19. _____ liegt am Rhein im Westen Deutschlands.
20. _____ keine Angst!
22. Was wollen wir morgen _____?
23. Im Norden sind die Nordsee und die _____.
27. Ich esse _____ gern.
28. „Auch" auf englisch.

Senkrecht
1. Bekommst du zum Geburtstag ein _____?
2. Großmutter.
3. Ein Mädchenname.
4. In Mathe brauche ich immer einen _____.
5. Wohin geht _____?
6. „Rot" auf englisch.
12. Sein _____ ist Holger.
14. Sie _____ die Fahrräder und fahren dann zum Jugendklub.
15. Wieviel kostet _____?
18. In Deutsch bekomme ich eine gute _____.
19. Ich esse _____.
21. Wir warten _____ sie kommen.
24. Es ist heute _____ kalt.
25. „Zu" auf englisch.
26. _____ macht Spaß.

ß=SS

Lektion 6

Name: _____ Datum: _____

Lektion 7

1. **Select the logical response on the right to the questions and statements on the left. The vocabulary is based on the opening conversation of this lesson.**

    _____ 1. Ich glaube, es ist elf Uhr.   a. In Bonn.

    _____ 2. Sehen wir uns den Fahrplan an!   b. Ich will wissen, wann der Zug ankommt.

    _____ 3. Wo steigen sie um?   c. Einfach?

    _____ 4. Warum mußt du in die Reiseauskunft?   d. Warum? Ich weiß, wann der Zug fährt.

    _____ 5. Es steht auf dem Bildschirm.   e. Ich kann es nicht sehen.

    _____ 6. Wieviel gibst du für die Karten aus? f. Nichts. Ich habe sie von meinem Onkel bekommen.

    _____ 7. Eine Karte nach Augsburg, bitte.

    _____ 8. Wir kommen bestimmt pünktlich an.   g. Nein, es ist schon halb zwölf.

                                               h. Nein, der Zug fährt eine halbe Stunde später.

2. **Complete the following text by filling in the missing words based on the conversation at the beginning of this lesson.**

    1. Es ist fast _____.
    2. Manfreds Uhr geht etwas _____.
    3. Ein Zug fährt vierzehn Minuten nach elf _____ ab.
    4. Willi und Manfred _____ in Freiburg um.
    5. Sie gehen in die _____ hinein.
    6. Manfred und Willi fahren zweiter _____.
    7. Sie werden _____ Stunden mit dem Zug fahren.
    8. Manfred _____ eine Zeitschrift.
    9. Die Zeitschrift und die _____ kosten DM 7,50.
    10. Klaus und Dennis fahren auch nach _____.
    11. Alle vier _____ zusammen nach Bremen zurück.
    12. Der Beamte gibt ein _____.

Deutsch Aktuell 1

3. Match each sentence on the left with an appropriate response on the right.

_____ 1. Wie lange dauert die Reise?
_____ 2. Bezahlst du das?
_____ 3. Drei Karten, hin und zurück.
_____ 4. Steigen Sie bitte ein!
_____ 5. Ich schaffe das nicht.
_____ 6. Sehen wir uns den Fahrplan an!
_____ 7. Wann fährt sie ab?
_____ 8. Geht's jetzt los?

a. Hier in diesen Zug?
b. Nein, erst um acht.
c. Gute Idee. Dann wissen wir, wann der Zug ankommt.
d. Welche Klasse?
e. Keine Angst. Der Zug fährt erst in einer Stunde ab.
f. Ich glaube, fünf Stunden.
g. Um 10 Uhr 24.
h. Ja, ich habe genug Geld.

4. *Wie heißen diese Verkehrsmittel?* Write the article and the plural form as well.

 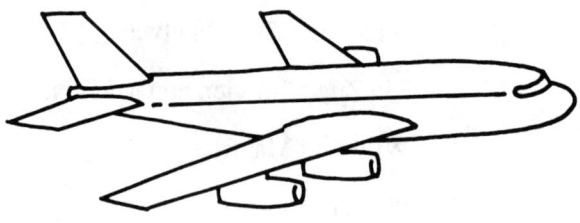

1. _____ 2. _____

_____   _____

Name: _____ Datum: _____

3. _____   4. _____

5. _____   6. _____

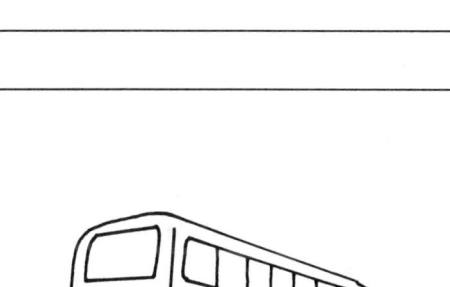

7. _____   8. _____

9. _____   10. _____

Deutsch Aktuell 1   *83*

Name: _____ Datum: _____

5. You will find ten different means of transportation in the letters below. The letters may go backwards, or forwards; they may go up, down, across or diagonally. However, they go only one way in any word. (ß=SS)

```
E  Q  P  R  O  P  O  T  E  S  T  H  Z  Y
F  N  H  A  B  N  E  S  S  A  R  T  S  G
R  O  F  A  H  R  R  A  D  G  H  I  J  P
K  R  S  P  T  Z  Y  B  U  S  W  X  B  C
D  L  S  M  N  P  O  E  O  S  O  N  S  P
W  H  C  O  I  R  Z  K  H  O  A  W  R  E
Y  U  H  A  O  G  U  Z  G  O  T  O  D  D
A  Y  I  S  U  I  G  R  O  D  O  S  B  E
T  T  F  L  U  T  E  P  T  E  T  L  M  P
T  I  F  M  O  T  O  R  R  A  D  Q  U  O
S  A  M  X  Y  I  F  U  A  I  R  T  E  M
```

84 Lektion 7

6. *Ein Fahrplan.* Study the schedule and then answer the questions.

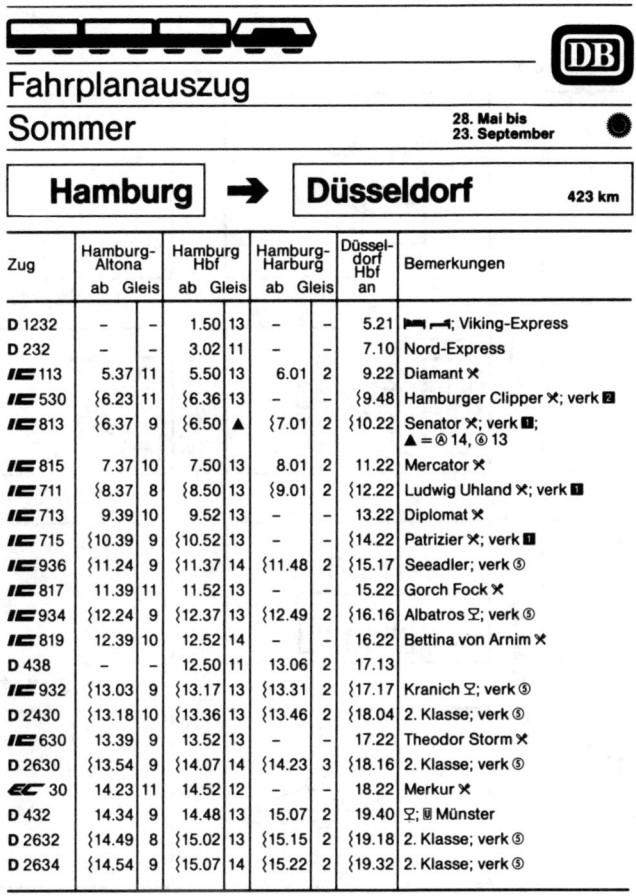

1. Von wo bis wohin fahren diese Züge?

2. Wie weit ist das?

3. Um wieviel Uhr fährt der IC 815 vom Hamburger Hauptbahnhof (Hbf) ab?

4. Wann kommt er in Düsseldorf an?

5. Auf welchem Gleis (on which track) steht der IC 113 im Bahnhof von Hamburg-Altona?

6. Wie lange fährt dieser Zug von Hamburg-Altona bis zum Hamburger Hauptbahnhof?

7. Wie komme ich dorthin? Imagine that you are standing in front of the city hall. Several people are asking you directions on how to get to several places. Help them out.

Beispiel: Theater
Gehen Sie geradeaus, dann rechts.

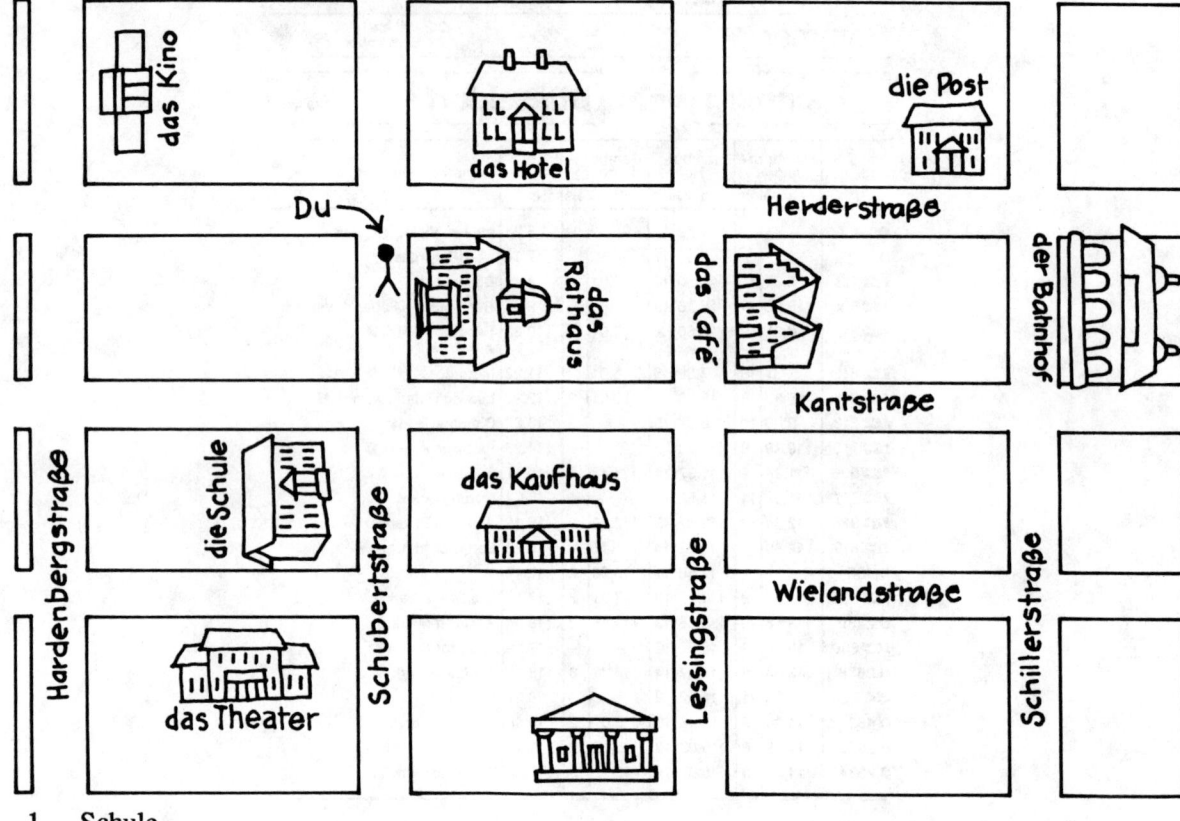

1. Schule

2. Bahnhof

3. Rathaus

4. Hotel

5. Café

6. Kaufhaus

Name:_____ Datum: _____

8. Fill in the correct prefixes in the following exercise.

ab   an   aus   ein   fern   hinein   mit   vor   zurück

1. Ich lade viele Gäste zum Geburtstag _____.
2. Um wieviel Uhr fahren Sie wieder nach Hause _____?
3. Gib nicht so viel Geld _____.
4. Beeilt euch. Wir fahren gleich _____.
5. Kommst du ins Kino _____?
6. Wir haben viel Zeit. Wir haben nichts _____.
7. Gehen wir ins Wohnzimmer _____.
8. Wann beginnt das Fernsehprogramm? Um acht, dann sehen wir_____.
9. Meine Tante wird uns besuchen. Sie kommt morgen hier _____.

9. Write complete sentences using the words provided.

1. die Jungen / bezahlen / viel / Geld / für / Reise
   _____

2. fahren / Bus / durch / Stadt
   _____

3. wir / beginnen / Party / ohne / er
   _____

4. Gäste / laufen / um / Park
   _____

5. verlassen / ihr / Eiscafé / ohne / Freunde
   _____

6. ich / stellen / Fahrrad / gegen / Tür
   _____

7. mitbringen / du / Buch / für / Lehrerin
   _____

8. die Besucher / wandern / durch / Museum
   _____

Deutsch Aktuell 1

Name: _____ Datum: _____

10. Give proper instructions using the information provided. Be sure to use an article for the nouns following the prepositions.

1. Komm nicht ohne (Kassetten) _____!
2. Bezahle bitte für (Buch) _____!
3. Fahr schnell durch (Stadt) _____!
4. Stell das Fahrrad gegen (Boot) _____!
5. Geh doch um (Ecke) _____!
6. Kauf die Geschenke für (Onkel) _____!
7. Geh ohne (das Mädchen) _____ nach Hause!
8. Spiel gegen (der Junge) _____ da!

11. The following text is based on the *Lesestück*. Fill in the missing information.

Brigitte wohnt in _____ aber ihre Freundin wohnt in _____. Brigitte wird nicht viele _____ bei Margit sein. Heute werden sie einen _____ machen. Sie wollen mit dem Auto nach Speyer _____. Sie fahren ungefähr eine halbe _____. Brigitte und Margit können den Dom schon aus der Entfernung _____. Sie parken das _____ und gehen zu _____ zum Dom. Der Dom ist schon mehr als 900 Jahre _____. In der Kaisergruft sind die _____. Beide Mädchen _____ ein paar Ansichtskarten.

Am Rhein sitzen sie auf einer Bank. Dort _____ sie die Ansichtskarten. Brigitte will eine _____ nach Hause schicken. Brigitte glaubt, daß der _____ in Köln breiter ist als in Speyer. Beim Auto sehen sie auf eine _____. Von Speyer fahren sie _____ Bad Dürkheim. Das Riesenfaß _____ die Sehenswürdigkeit von dieser Stadt. Brigitte _____ das Riesenfaß und Margit. Später gehen beide ins _____ hinein. Sie möchten dort etwas _____.

88 Lektion 7

12. *Von Cuxhaven nach...* Pretend that you are working at a tourist office. Many people are inquiring about Cuxhaven. *Kannst du die Fragen beantworten?*

1. Wo liegt Cuxhaven?

2. Wieviel kostet eine Fahrkarte 1. Klasse von Stuttgart nach Cuxhaven?

3. Wieviel kostet eine Fahrkarte 2. Klasse von Hamburg nach Cuxhaven?

4. Wieviel kostet es am Tag, ein Fahrrad zu mieten (rent)?

5. Wie viele Einwohner wohnen in Cuxhaven und in den Vororten?

6. Ich möchte mit dem Taxi vom Bahnhof zum Hotel fahren. Es sind zehn Kilometer (km). Wieviel kostet das? (*Grundgebühr* = basic rate)

13. *Ich mache eine Reise.* Imagine you are traveling in Germany by train. At the station and in the train itself you meet two different Germans. Complete the following two conversations accordingly.

Person 1: _____

Du: Ich fahre nach Köln.

Person 1: _____

Du: Nein, nur einfach.

Person 1: _____

Du: Nein, nur zweiter Klasse.

Person 1: _____

Du: Um halb drei, auf Bahnsteig sechs.

Person 1: _____

Du: Das stimmt. Es ist schon ein Viertel nach zwei.

Person 1: _____

Du: _____

Person 2: Guten Tag. Woher kommen Sie denn?

Du: _____.

Person 2: Fahren Sie nur nach Frankfurt?

Du: _____

Person 2: Wohin fahren Sie dann weiter?

Du: _____

Person 2: Das ist eine schöne Stadt.

Du: _____

Person 2: Der Dom ist besonders bekannt und beliebt.

Du: _____

Person 2: Er ist direkt in der Stadt.

Du: _____

Lektion 7

Name: _____ Datum: _____

14. Complete each expression by using the appropriate words listed.

schreiben	umsteigen	sehen	parken	haben	abfahren	besuchen
essen	sein	dauern	gehen	geben	bezahlen	kommen

1. für die Zeitschriften und Bücher _____
2. erst in einer Woche wieder nach Hause _____
3. in München _____
4. nach Berlin _____
5. auf die Uhr _____
6. ein Signal _____
7. eine Stunde _____
8. in der Nähe _____
9. geradeaus _____
10. meine Tante _____
11. eine Ansichtskarte _____
12. das Auto _____
13. im Restaurant _____
14. Hunger _____

15. Beantworte diese Fragen!

1. Wohin möchtest du fahren? Warum?
   _____

2. Was möchtest du dort machen?
   _____

3. Wie lange möchtest du dort bleiben?
   _____

4. Wer kommt mit?
   _____

5. Wann kommst du wieder zurück?
   _____

Deutsch Aktuell 1

Name: _____ Datum: _____

16. Complete the following statements, based on the reading selection *Land und Leute* (*Die Schweiz*).

Die Schweiz paßt ungefähr 190 mal in die _____. Das Land hat _____ Nachbarländer. Ungefähr _____ Millionen Menschen wohnen in der Schweiz. Die meisten sprechen _____.

Die Nationalfahne ist rot und hat ein weißes _____ in der Mitte.

Die Schweiz liegt fast nur in den _____. Der _____ ist der längste Fluß in der Schweiz. Er fließt durch die Schweiz, die Bundesrepublik Deutschland und _____. Die Hauptstadt der Schweiz ist _____.

Genf liegt im Süden direkt an der Grenze zu _____.

Name: _____ Datum: _____

17. Wie heißen die fünf Nachbarländer (1-5) und die fünf größten Städte (A-E) der Schweiz?

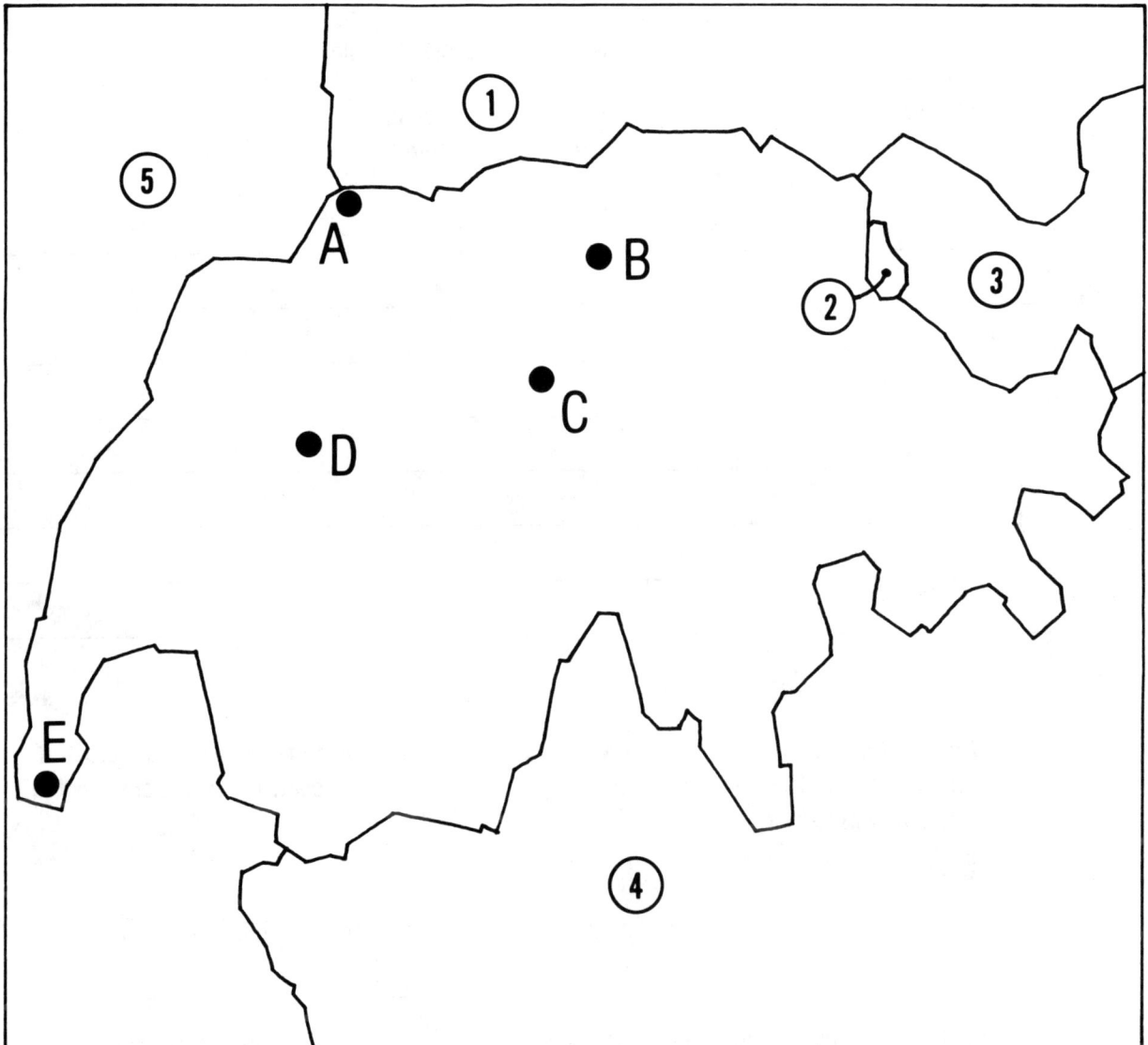

1. _____   A. _____
2. _____   B. _____
3. _____   C. _____
4. _____   D. _____
5. _____   E. _____

Deutsch Aktuell 1

18. *Familie, Haus, Verkehrsmittel oder Stadt?* Write each noun in one of the four categories below. Include the article for each noun as well.

Theater	Flugzeug	Schlafzimmer	Schwester	Tür
Wohnzimmer	Tante	Straßenbahn	Enkel	Rathaus
Moped	Post	Kino	Schiff	Küche
Bad	Vater	Auto	Opa	Bank

Familie: _____

_____

Haus: _____

_____

Verkehrsmittel: _____

_____

Stadt: _____

_____

19. *Wieviel kannst du verstehen?* The chart on the following page represents a detailed description of the different train travel opportunities suggested by the German Rail *(Deutsche Bundesbahn).*

1. Wieviel müssen Jugendliche bis 22 Jahre für ein Tramper-Monats-Ticket bezahlen?

   _____

2. Wie lange ist ein Junioren-Paß gültig (valid)?

   _____

3. Wie lange ist ein Wochenend- und/oder Kurzurlauber Paß gültig?

   _____

4. Wieviel bezahlt man für eine Tourenkarte für eine Familie, hin und zurück?

   _____

5. Ist der Rosarote Reise-Paß nur für Familien?

   _____

Name: _____ Datum: _____

Die Angebotsübersicht zum Ausschneiden
Das bietet die Bundesbahn:

Für wen?	Welches Angebot?	Was kostet es?	Was ist zu beachten?
Alle	Rosaroter Reise-Paß. Bis 30. 9. 1989; ca. 30% Ermäßigung in D-, InterRegio-, Fern-Express-, Eil- und Nahverkehrszügen	Preis: 50,- DM (für Kinder, Jugendliche und Erwachsene)	Gültig: 1/2 Jahr. Für Reisen über 50 km, nicht gültig in EC/IC-Zügen und innerhalb von Verkehrsverbünden
Urlauber	Sparpreis* (Pauschalpreis). Lohnt sich ab 431 km. Innerhalb der Bundesrepublik	Preis: 180,- DM (2.Kl.) 270,- DM (1.Kl.)	Gültig: 1 Monat. Für Reisen am Wochenende oder über ein Wochenende hinaus
Wochenend- und/oder Kurzurlauber	Super-Sparpreis* (Pauschalpreis). Lohnt sich ab 289 km. Innerhalb der Bundesrepublik	Preis: 120,- DM (2. Kl.) 180,- DM (1. Kl.)	Gültig: 10 Tage, ausgenommen Spitzenverkehrstage. Für Reisen am Wochenende oder über ein Wochenende hinaus. Freitag und Sonntag ist der doppelte EC/IC-Zuschlag zu zahlen
Flugreisende für die Fahrt vom Wohnort zum Flughafen in der Bundesrepublik und zurück	Rail & Fly-Ticket* (Pauschalpreis)	Preis bis 251 km: 70,- DM (2. Kl.) 105,- DM (1. Kl.) ab 252 km: 105,- DM (2. Kl.) 158,- DM (1. Kl.) Kinder (4-11 J.): 10,- DM	Gültig: nur mit Flugticket, max. einen Tag vor Abflug bis höchstens einen Tag nach Rückkehr, längstens 2 Monate
*für Mitfahrer, Erwachsene und Kinder	Mitfahrerermäßigung. 50% auf den Fahrpreis, Sparpreis, Super-Sparpreis und Rail & Fly	Preis: richtet sich nach dem Fahrpreis, jeweils 50% Ermäßigung	Gültig: für max. 4 erwachsene Mitfahrer. 2 Kinder zahlen <u>einen</u> Mitfahrerpreis oder jeweils 25% des Fahrpreises
Urlauber (am Zielort)	Tourenkarte. Gilt am Urlaubsort für beliebiges Reisen innerhalb eines Streckennetzes von rund 1000 km in allen DB-Zügen und -Bussen an 10 von 21 Tagen	Preis: 48,- DM (1 Person) 66,- DM (2 Pers.) 81,- DM (1 Familie)	Gültig: in Verbindung mit Hin- und Rückfahrscheinen über mind. 250 km (einfach)
Junioren: 12-17 Jahre	Taschengeld-Paß. 50% Ermäßigung auf den Fahrpreis	Preis: 40,- DM	Gültig: 1 Jahr
Junioren: 18-22 Jahre, Schüler und Studenten bis 26 Jahre	Junior-Paß. 50% Ermäßigung auf den Fahrpreis	Preis: 110,- DM	Gültig: 1 Jahr
Junioren: 12-22 Jahre	Zusatzkarte Rail Junior. 50% Ermäßigung in Frankreich, Spanien, Portugal, Österreich, auf der Fährstrecke Brindisi-Patras, beim Transit durch die Schweiz und Belgien; 30% Ermäßigung in Italien und Dänemark	Preis: 30,- DM	Gültig: nur in Verbindung mit Taschengeld- und Junior-Paß, in der Zeit vom 1.6. bis 30.9.1989
Jugendliche bis 22 Jahre, Schüler und Studenten bis 26 Jahre	Tramper-Monats-Ticket. Beliebig häufige Fahrten auf allen DB-Strecken, kostenloser Transport von Fahrrädern im Gepäckwagen	Preis: 240,- DM	Gültig: 1 Monat, ohne Zuschlag in den Zügen
Jugendliche bis 25 Jahre	InterRail/InterRail + Schiff. 50% Ermäßigung auf DB-Strecken, beliebig viele Fahrten in 21 europäischen Ländern und Marokko; mit Schiff-Zusatzkarte auch auf 10 Fährlinien	Preis: 420,- DM 500,- DM (mit Schiff-Zusatzkarte)	Gültig: 1 Monat
	InterRail Flexi. Entspricht dem InterRail + Schiff-Ticket	Preis: 400,- DM	Gültig: an 10 frei wählbaren Tagen innerhalb eines Monats

Deutsche Bundesbahn

Deutsch Aktuell 1

Name: _____ Datum: _____

20. *Ich möchte eine Reise machen.* Write a short narrative about a trip you would like to take. Be as creative as possible.

_____
_____
_____
_____
_____
_____
_____

21. *Kreuzworträtsel*

Waagerecht
1. Viele Züge stehen auf dem _____.
5. Rolf geht nach Hause _____ Dieter fährt in die Stadt.
6. Ich habe _____ Fahrräder.
8. Tanja ist _____ der Schule immer gut.
9. Ich _____ meine Mutter.
10. Fahren Sie _____ und zurück?
12. Acht, sechs, vier, zwei, _____.
13. _____ wieviel Uhr beginnt das Konzert?
14. Wann geht _____ los?
16. Hast du eine Karte?
17. Ich kaufe eine Zeitung _____ eine Zeitschrift.
20. Wann werden wir in Stuttgart _____?

Senkrecht
1. Kannst du für die Bücher _____?
2. Hast du zehn Mark? _____, ich habe nur vier.
3. Sehen wir uns den _____ an.
4. Ich brauche für die Ansichtskarte eine _____.
7. Hast du _____ Auto?
11. Fährst _____ im Sommer nach Europa?
15. Ich muß schon um zwei Uhr dort _____.
18. Siehst du _____ Zug?
19. Wir kommen _____ Montag.

96

Lektion 7

Name:_____ Datum: _____

Lektion 8

1. *Richtig oder falsch?* Determine if the following statements are true or false. Write *richtig* if the statement is correct and *falsch* if it is incorrect. If a statement is false, write the correct answer in German.

   1. Tanja findet einen Pulli schick.
   _____

   2. Tanja hat nur ein paar Pullis.
   _____

   3. Die drei Mädchen stehen vor dem Kaufhaus.
   _____

   4. Karins Pulli ist zu klein.
   _____

   5. Der weiße Pulli ist billig.
   _____

   6. Der weiße Pulli paßt Karin.
   _____

   7. Britta kauft einen Pulli.
   _____

   8. Der Pulli kostet DM 80.
   _____

Name: _____ Datum: _____

2. Complete the following sentences by using the correct forms of the verbs provided.

    brauchen   finden   geben   gehen
    haben   kosten   passen sein

1. Ich _____ den Pulli ganz toll.
2. Diese Farbe _____ sehr schön.
3. _____ du etwas Geld?
4. Das Sweatshirt _____ mir gut.
5. Klaus, _____ doch zur Kasse!
6. Wir _____ mal wieder Glück.
7. Wieviel _____ das?
8. Die Verkäuferin _____ Tanja zwei Mark zurück.

Lektion 8

Name: _____ Datum: _____

3. *Wie heißen diese Kleidungsstücke?* Write the article and plural forms of these nouns as well.

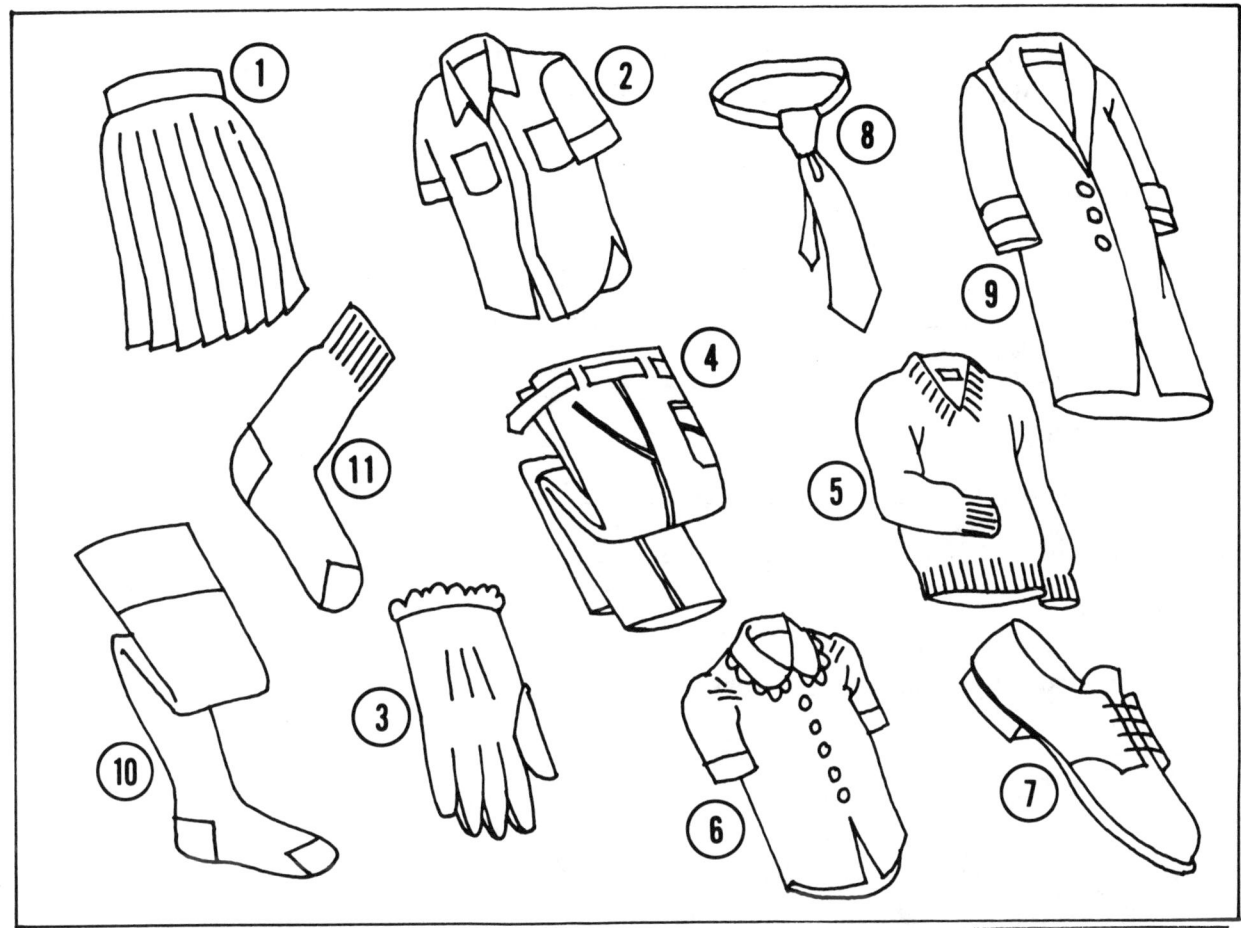

1. _____
2. _____
3. _____
4. _____
5. _____
6. _____
7. _____
8. _____
9. _____
10. _____
11. _____

Deutsch Aktuell 1

Name: _____ Datum: _____

4. Put together the syllables below to form German words for the following items. Each syllable may be used only once.

| AN | HE | MAN | SE | TEL | BLU | HO | SCHUH |
| SE | WAT | HAND | KRA | SCHUH | TE | ZUG | |

1. coat   _____
2. tie   _____
3. glove _____
4. suit   _____
5. pants _____
6. shoes _____
7. blouse _____

5. Unscramble the following letters. Each word is a color.

1. L G B E   _____
2. S I S W E   _____
3. N R B U A   _____
4. O R T   _____
5. C A S W Z H R   _____
6. R G Ü N   _____
7. A O R S   _____
8. L U A B   _____
9. O E A N G R   _____

Name: _____ Datum: _____

6. Construct a meaningful dialog, based on the following information.

You and your friend have a lot of time this afternoon and are wondering what to do. You both have several suggestions. Finally, you decide to go shopping. You discuss the possibility of shopping close by or at a big department store in town. You decide to go to the big department store on your bikes.

At the store both of you are interested in a pair of jeans. You ask the sales clerk some questions (size, color, price, etc.) and eventually you try them on. You decide to buy the jeans, but your friend wants to shop around some more. You go to the cashier's counter and pay for the jeans.

_____
_____
_____
_____
_____
_____
_____
_____
_____

7. Write one complete sentence, describing each of the following items. *Auf deutsch, bitte!*

1. Kaufhaus
   _____

2. Kasse
   _____

3. Kleidungsstück
   _____

4. Farbe
   _____

5. Auswahl
   _____

6. Eingang
   _____

Deutsch Aktuell 1

Name: _____ Datum: _____

8. *Wieviel kosten diese Kleidungsstücke?* Study the various items below and on the next page and answer this question accordingly. Also indicate if the clothing item is *für Herren*, *für Damen* (ladies), *für Knaben* (boys), or *für Mädchen*.

Beispiel: Seiden-Blusen
Die Seiden-Blusen kosten DM 49,-. Sie sind für Damen.

Für Herren

Marken-Hosen - mehrere aktuelle Modelle in verschiedenen hochwertigen Qualitäten. Jetzt **98.-**

Baumwoll-Hosen in unterschiedlichen aktuellen Formen und Farben. Jetzt **79.-**

Bundfalten-Hosen aus sommerlichen Materialien, zum Beispiel Baumwolle/Leinen oder Viskose-mischungen. Jetzt **59.-**

Marken-Pullover in aktuellen Dessins. Jetzt **49.-**

Pullover aus reiner Baumwolle in einer großen Uni-Farbauswahl. Jetzt **49.-**

Marken-Hemden namhafter Hersteller in vielen modischen Dessins. Jetzt **49.-**

Hemden in verschiedenen sportiven Formen. Jetzt **29.-**

Sweatshirts aus Baumwolle in modischen Formen und Farben. Jetzt **29.-**

Polo-Hemden aus reiner Baumwolle in den Farben der Saison. Jetzt **25.-**

Für Damen

Hosen aus Seide mit Baumwolle - die Trendsetter der Saison. Jetzt **39.-**

Marken-Pullover - verschiedene Modelle in unterschiedlichen Optiken. Jetzt **39.- 19.-**

Sweatshirts aus Baumwolle oder leicht glänzenden Viskose-mischungen. Jetzt **19.- 10.-**

Röcke aus fließender Viskose, schön weit schwingend und in den attraktiven Unifarben dieses Sommers. Jetzt **69.-**

Popeline-Röcke - damenhaft schlanke Formen mit seitlichem Gummizug und Gürtel. Farben: weiß, beige, khaki, marine. Jetzt **49.-**

Seiden-Blusen mit langen Ärmeln in sportlichen Formen aus gewaschener reiner Seide. Jetzt **49.-**

Blusen mit halblangen Ärmeln in modischer Leinen-Optik und den aktuellen Sommerfarben. Jetzt **49.-**

Streifen-Blusen mit langen Ärmeln und attraktiven Dessins in aufwendig gearbeiteten, sportiven Formen. Jetzt **39.-**

Name: _____ Datum: _____

Für Knaben

Baumwoll-Hosen in modischen Formen und verschiedenen schönen Farben. Jetzt **19.-**

Shorts aus sommerlich leichten Materialien in mehreren tollen Farben. Jetzt **10.-**

Sweatshirts aus hautsympathischem Material in verschiedenen modischen Formen und Farben. Jetzt **10.-**

Polohemden aus reiner Baumwolle in den Farben des Sommers. Jetzt **15.-**

Für Mädchen

Röcke aus reiner Baumwolle, mit farbenfrohem Blumenmuster bedruckt. Jetzt **29.-**

Hosenröcke aus reiner Baumwolle - ebenfalls mit zauberhaftem Blumendruck. Jetzt **29.-**

Hosen mit modischen Druckdessins, natürlich aus reiner Baumwolle. Jetzt **29.-**

T-Shirts in aktuellen Farben - passend zu Röcken und Hosen. Jetzt **10.-**

1. T-Shirts

   _____

2. Hemden

   _____

3. Shorts

   _____

4. Hosenröcke

   _____

5. Pullover

   _____

6. Polohemden

   _____

7. Popeline-Röcke

   _____

Deutsch Aktuell 1

Name: _____ Datum: _____

9. Say each word and then indicate if each underlined letter represents a short or a long sound. Write an *l* if it is long and an *s* if it is short.

1. hört _____
2. später _____
3. bäckt _____
4. Schläger _____
5. Länge _____
6. höchste _____
7. Fahrpläne _____
8. Fächer _____
9. Blockflöte _____
10. Bahnhöfe _____

10. Fill in the proper form of the article and noun for those given in parentheses.

1. Ich gebe (der Herr) _____ eine Landkarte.
2. Zeig (das Mädchen) _____ die Schule!
3. Kannst du (der Opa) _____ eine Karte schicken?
4. Wir sollen (die Lehrerin) _____ die Arbeit geben.
5. Leihen Sie (der Junge) _____ das Fahrrad!
6. Wir kaufen (die Tante) _____ ein Geschenk.

11. Supply the German equivalent words for those given in parentheses.

1. Können Sie (the guests) _____ helfen?
2. Gib (the saleslady) _____ das Geld!
3. Wir glauben (the woman) _____ nicht.
4. Zeigen Sie bitte (the gentleman) _____ den Computer!
5. Die Bücher gefallen (the teachers) _____ gut.
6. Ich zeige (the official) _____ meine Karte.

Name: _____ Datum: _____

12. Complete each sentence with an appropriate noun including the article.

1. Können Sie bei _____ parken?
2. Viele Besucher stehen schon früh bei _____ .
3. Wie kommen um ein Uhr aus _____ .
4. Um wieviel Uhr geht ihr zu _____ ?
5. Ich kaufe außer _____ auch noch einen Taschenrechner.
6. Bist du schon seit _____ in Europa?
7. Nach _____ fahren wir nach Hause.
8. Wann wirst du etwas von _____ hören?

13. Form meaningful sentences, using the words provided.

1. Anzug / gefallen / Verkäuferin / gut
   _____

2. Warten / ihr / bei Tür
   _____

3. Ich / geben / Gast / Geschenk
   _____

4. Beamte / zeigen / Junge / Fahrplan
   _____

5. Wir / fahren / mit / Auto / zu / Rathaus
   _____

6. Wann / schicken / ihr / Freundin / Ansichtskarte
   _____

Deutsch Aktuell 1

14. The following information is based on the *Lesestück*. Fill in the missing information.

Johanns _____ heißt Astrid. Johann will heute eine _____ kaufen. Astrid braucht eine _____. Astrids _____ ist ganz in der Nähe vom Optiker. Astrid _____ eine Brille auf. Sie _____ ihr gut. Sie _____ die Brille. Johann setzt auch eine Brille auf, aber er _____ komisch aus.

Nach dem Optiker _____ Astrid und Johann zum Modehaus Zahn. Eine Verkäuferin _____ beiden die Jacken. Johann _____ eine weiße Jacke an. Sie _____ ihm aber nicht. Die Jacke ist zu _____. Die _____ zeigt ihm eine andere. Diese Jacke ist nicht _____. Sie _____ ihm gut und ist auch die richtige _____. Johann will nicht mit der _____ bezahlen. Er bezahlt _____. Später gehen Johann und Astrid noch zum _____.

Lektion 8

Name: _____ Datum: _____

15. Complete the expressions by selecting the appropriate verbs from this list.

aussehen   sein   finden   bezahlen   sehen
anprobieren gehen   aufsetzen   haben   begrüßen

1. bar _____
2. eine Brille _____
3. über die Straße _____
4. den Pulli schick _____
5. diese Jacke _____
6. einen guten Geschmack _____
7. komisch _____
8. die Gäste _____
9. zu wählerisch _____
10. ohne Brille nichts _____

Deutsch Aktuell 1

Name: _____ Datum: _____

16. Ergänze die beiden Dialoge!

A: Ich möchte ein Sweatshirt anprobieren.

B: _____

A: Rot oder blau.

B: _____

A: Es ist es zu teuer.

B: _____

A: Gut, ich probiere es an.

B: _____

A: Ja, ich glaube auch.

B: _____

A: 20 Mark.

B: _____

C: Guten Tag.

D: _____

C: Bitte sehr?

D: _____

C: Welche Größe?

D: _____

C: Welche Farbe?

D: _____

C: Gefällt Ihnen dieses Paar Schuhe?

D: _____

Name:_____ Datum: _____

C: Dieses Paar ist etwas preiswerter.

D: _____

C: Ja, natürlich. Setzen Sie sich hier hin!

D: _____

C: Sie stehen Ihnen gut.

17. Beantworte diese Fragen!

1. Was für ein Kleidungsstück möchtest du kaufen?
   _____

2. Wieviel möchtest du dafür ausgeben?
   _____

3. Welche Farben gefallen dir?
   _____

4. Gibt es in der Nähe, wo du wohnst, ein Kaufhaus?
   _____

5. Was kann man da alles kaufen?
   _____

Deutsch Aktuell 1

Name: _____ Datum: _____

18. *Kreuzworträtsel*

Ä=AE, Ü= UE

Lektion 8

Name: _____ Datum: _____

Waagerecht
1. Dort kann man Kleider und Jeans kaufen.
4. Der Verkäufer _____ mir die Schuhe.
6. Ein Teil in jeder Lektion.
9. Ein Kleidungsstück.
10. Habt _____ jetzt Zeit?
11. Rot, gelb und blau sind _____.
12. The opposite of "alt".
14. Karin gefällt die rote _____ gut.
17. Um wieviel Uhr fährt der Bus _____?
18. Ich höre _____ Musik.
20. Jetzt bist du _____.
21. Die Aufgaben stehen _____ Seite 35.
23. Ein Fach in der Schule.
25. Mein Tante kommt schon früh _____.
28. Kurt möchte den grauen _____ kaufen.
30. Ich spiele gern mit dem _____.
31. „Uns" auf englisch.

Senkrecht
1. Haben Sie eine _____ oder bezahlen Sie bar?
2. Ein Nachbarland von Österreich.
3. Opposite of "dort".
4. Der _____ steht schon auf dem Bahnhof.
5. Wie _____ sind diese Krawatten?
7. Bremen liegt in _____deutschland.
8. „Sohn" auf englisch.
9. The opposite of "dunkel".
11. Fährst du mit dem Auto oder mit dem _____?
13. Gefällt dir das Moped? Ja, aber _____ kostet zu viel.
14. „Sein" auf englisch.
15. Wir kommen um sieben _____ zu euch.
16. Viele Jugendliche warten am _____.
18. Eine Farbe.
19. Dieses Kleid ist heute wirklich _____.
20. Wer ist das _____ drüben?
22. Astrid und Johann gehen _____ die Straße.
24. Ich möchte ein _____ Schuhe.
25. Die Besucher kommen um drei _____ dem Museum.
26. _____ liegt Berlin?
27. Was kaufst _____?
29. Ich muß um acht _____ Hause sein.

Deutsch Aktuell 1

Lektion 9

1. Select the logical response on the right to each question or statement on the left. The content is based on the opening conversation of this lesson.

    _____ 1. Hast du eine gute Chance?
    _____ 2. Ich habe schon drei Spiele gewonnen.
    _____ 3. Wo findet das Turnier statt?
    _____ 4. Hast du den Ansager gehört?
    _____ 5. Wir müssen noch viel spielen.
    _____ 6. Wie hast du gespielt?
    _____ 7. Was findet dort statt?

    a. Ja, du bist heute wirklich in Form.
    b. In der Sporthalle.
    c. Du hast recht. „Übung macht den Meister."
    d. Heute nicht so gut.
    e. Ein großes Turnier.
    f. Ja, er hat deinen Namen aufgerufen.
    g. Ja, der andere Spieler ist nicht sehr gut.

2. Write one sentence in German defining each of the following words.

    1. der Ansager
    _____

    2. das Turnier
    _____

    3. die Sporthalle
    _____

    4. das Tischtennis
    _____

    5. der Spieler
    _____

Name: _____   Datum: _____

3. You will find six different kinds of sports in the letters below. The letters may go backwards, or forwards; they may go up, down, across or diagonally. However, they only go one way in any word. (ß = SS)

```
S  I  N  N  E  T  H  C  S  I  T
S  M  E  Z  I  A  N  U  F  L  B
P  Q  F  U  S  S  B  A  L  L  E
H  Z  A  W  H  G  O  N  S  A  F
R  T  W  U  O  X  N  I  P  B  E
K  A  B  L  C  N  N  B  O  T  S
C  N  F  Z  K  N  F  K  N  E  R
W  S  N  A  E  R  C  M  V  K  W
B  L  R  T  Y  H  J  Z  B  S  O
A  R  Q  W  F  E  O  I  P  A  X
L  O  E  M  D  W  K  X  A  B  C
```

Deutsch Aktuell 1

Name: _____ Datum: _____

4. *Wie heißen die Körperteile?* Write each noun including the article.

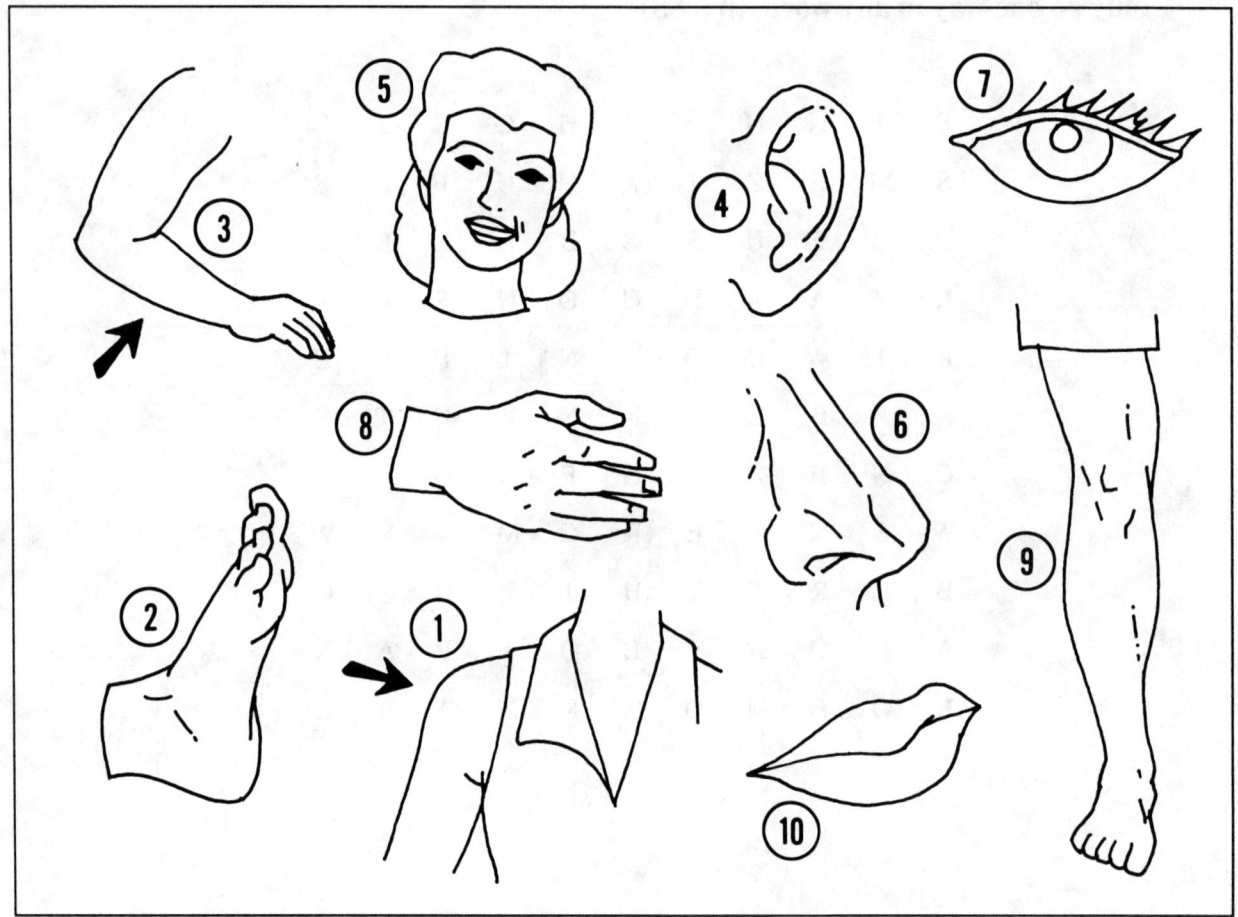

1. _____
2. _____
3. _____
4. _____
5. _____
6. _____
7. _____
8. _____
9. _____
10. _____

Name: _____ Datum: _____

5. Complete each sentence by providing the appropriate present perfect form of the verb indicated in parentheses.

1. (hören) _____ ihr den Ansager _____?
2. (jubeln) Die Jugendlichen _____ viel _____.
3. (zeigen) _____ du ihm _____, wie man das macht?
4. (regnen) Es _____ gestern _____.
5. (spülen) Ich _____ das Geschirr _____.
6. (erzählen) _____ Sie ihm das _____?
7. (besuchen) Mein Onkel _____ uns im Juni _____.
8. (schicken) Wir _____ ihr eine Karte _____.

6. Provide a different past participle for each sentence.

Beispiel: Hast du die Deutschaufgaben _____?
Hast du die Deutschaufgaben gemacht?

1. Seid ihr schon um halb drei _____?
2. Ich habe eine Jacke _____.
3. Hast du schon zwei Gläser Limo _____?
4. Wir haben Abendbrot _____.
5. Sind Sie nach Deutschland _____?
6. Hast du das Spiel _____?
7. Frau Höhne hat die Gäste _____.
8. Die Schüler haben die Aufgaben _____.
9. Wie lange bist du bei Susanne _____?
10. Ich habe 200 Mark für den Mantel _____.

Deutsch Aktuell 1

Name: _____ Datum: _____

7. *Erzähle, wie die Party gewesen ist.* Retell the story in the present perfect tense.

1. Am Samstag haben wir bei Joachim eine Party.
   _____

2. Wir gehen um sieben Uhr zu ihm.
   _____

3. Viele Jugendliche sind schon bei Joachim.
   _____

4. Sie hören tolle Musik.
   _____

5. Ein paar Jungen und Mädchen tanzen.
   _____

6. Um halb neun essen und trinken sie etwas.
   _____

7. Dann spielen ein paar Jungen Karten.
   _____

8. Die anderen Jugendlichen singen.
   _____

9. Ich komme um zehn wieder nach Hause.
   _____

10. Es macht viel Spaß.
    _____

Name: _____ Datum: _____

8. *Der Geburtstag.* Tell what happened on this birthday. Write out each question or statement, using the present perfect tense.

    Beispiel: Fahren / du / nach Hause
                    Bist du nach Hause gefahren?

1. Wann / bekommen / du / Schläger

   _____

2. Meine Schwester / kaufen / er / zum Geburtstag

   _____

3. Wann / sein / dein Geburtstag

   _____

4. Ich / haben / am 20. Oktober / Geburtstag

   _____

5. Kommen / viele Gäste

   _____

6. Nein / wir / schreiben / keine Einladungen

   _____

Deutsch Aktuell 1

Name: _____ Datum: _____

9. Beantworte diese Fragen!

1. Wohin bist du gestern gegangen?
   _____

2. Was hast du im Fernsehen gesehen?
   _____

3. Was hast du letzten Sommer gemacht?
   _____

4. Was hast du gelesen?
   _____

5. Wie lange bist du in der Schule gewesen?
   _____

6. Wie hat der Kuchen geschmeckt?
   _____

7. Wie lange hat das Fußballspiel gedauert?
   _____

8. Wann hast du Geburtstag gehabt?
   _____

Name: _____ Datum: _____

10. Find the matching words to those listed and form compound nouns. Provide the article as well.

Tag	Hof	Art	Tennis	Klub
Republik	Bahn	Café	Plan	Zeug

1. die Geburt: _____
2. der Bund: _____
3. der Tisch: _____
4. die Bahn: _____
5. die Stunde: _____
6. der Sport: _____
7. das Eis: _____
8. die Straße: _____
9. der Flug: _____
10. das Tennis: _____

11. Complete the following information, based on the *Lesestück*.

Michael und Dirk spielen ungefähr viermal im _____ Tennis. Dirk geht nicht zu _____. Er _____ mit dem Fahrrad zu Michael. Dirk hat das letzte Mal gegen Michael _____. Michael _____ einen anderen Schläger gekauft. Der Schläger ist _____ gewesen.

Von Michaels Haus fahren sie eine Strecke _____ die Stadt. In der Stadt ist oft viel _____. Michaels Eltern sind _____ im Tennisklub. Michael und Dirk _____ eine Stunde Tennis. Vor dem Spiel müssen sie sich noch _____. Dann _____ es losgehen. Dirk soll zuerst _____. Michael probiert zuerst seinen Schläger _____. Sie spielen _____ Sätze.

Dirk hat heute sehr _____ gespielt.

Deutsch Aktuell 1

Name: _____   Datum: _____

12. Ergänze diese beiden Dialoge!

A: Hast du Lust, Fußball zu spielen?
B: _____

A: Wir spielen im Park.
B: _____

A: Wir sind immer zehn oder zwölf Spieler.
B: _____

A: So gegen vier Uhr.
B: _____

A: Nein, wir haben zwei Bälle.
B: _____

A: Gut, wir spielen bestimmt zwei Stunden.

C: _____
D: Was machst du denn jetzt?
C: _____
D: Ich spiele Tennis auch sehr gern.
C: _____
D: Ja, gut. Wann soll ich auf dem Tennisplatz sein?
C: _____
D: Ja, das geht.
C: _____
D: Tschüs.

Lektion 9

Name: _____ Datum: _____

13. Complete each expression by selecting the most appropriate verb from the list below.

notieren	machen	fahren	spielen	haben
bekanntgeben	gewinnen	sein	sitzen	ausprobieren

1. das Ergebnis _____
2. einen neuen Schläger _____
3. am Tisch _____
4. eine gute Chance _____
5. in der vierten Runde _____
6. ein Spiel _____
7. Spaß _____
8. etwas auf dem Spielplan _____
9. eine lange Strecke _____
10. zwei Stunden _____

14. *Was weißt du über die Bundesrepublik?* Complete the following statements, which are based on the *Land und Leute* reading selection.

Der höchste Berg ist die _____. Dieser Berg liegt an der Grenze zu _____. Der zweitgrößte Berg ist der _____. Er liegt im Südosten. Der längste Fluß ist der _____. Dieser Fluß entspringt in der _____, fließt durch den Bodensee, dann durch die Bundesrepublik und die Niederlande bis in die _____. Der zweitgrößte Fluß ist die _____. Der _____ ist der größte See. Viele Seen liegen im _____. Die größte Insel ist _____. Sie liegt in der _____.

Deutsch Aktuell 1

Name: _____ Datum: _____

15. *Das ist falsch.* **Provide a correct statement in German for the following sentences.**

1. Die Ostsee liegt im Osten Deutschlands.
   _____

2. Deutschland hat fünf Nachbärlander.
   _____

3. Der höchste Berg ist der Watzmann.
   _____

4. Der Rhein entspringt in Deutschland.
   _____

5. Die Elbe ist der längste Fluß.
   _____

6. Der Chiemsee ist größer als der Bodensee.
   _____

7. Der Bodensee liegt in zwei Ländern.
   _____

8. Der Starnberger See liegt im Norden.
   _____

9. Rügen ist ein Fluß.
   _____

10. Viele Besucher kommen im Winter nach Helgoland.
    _____

Name: _____ Datum: _____

16. Wie heißen die Städte?

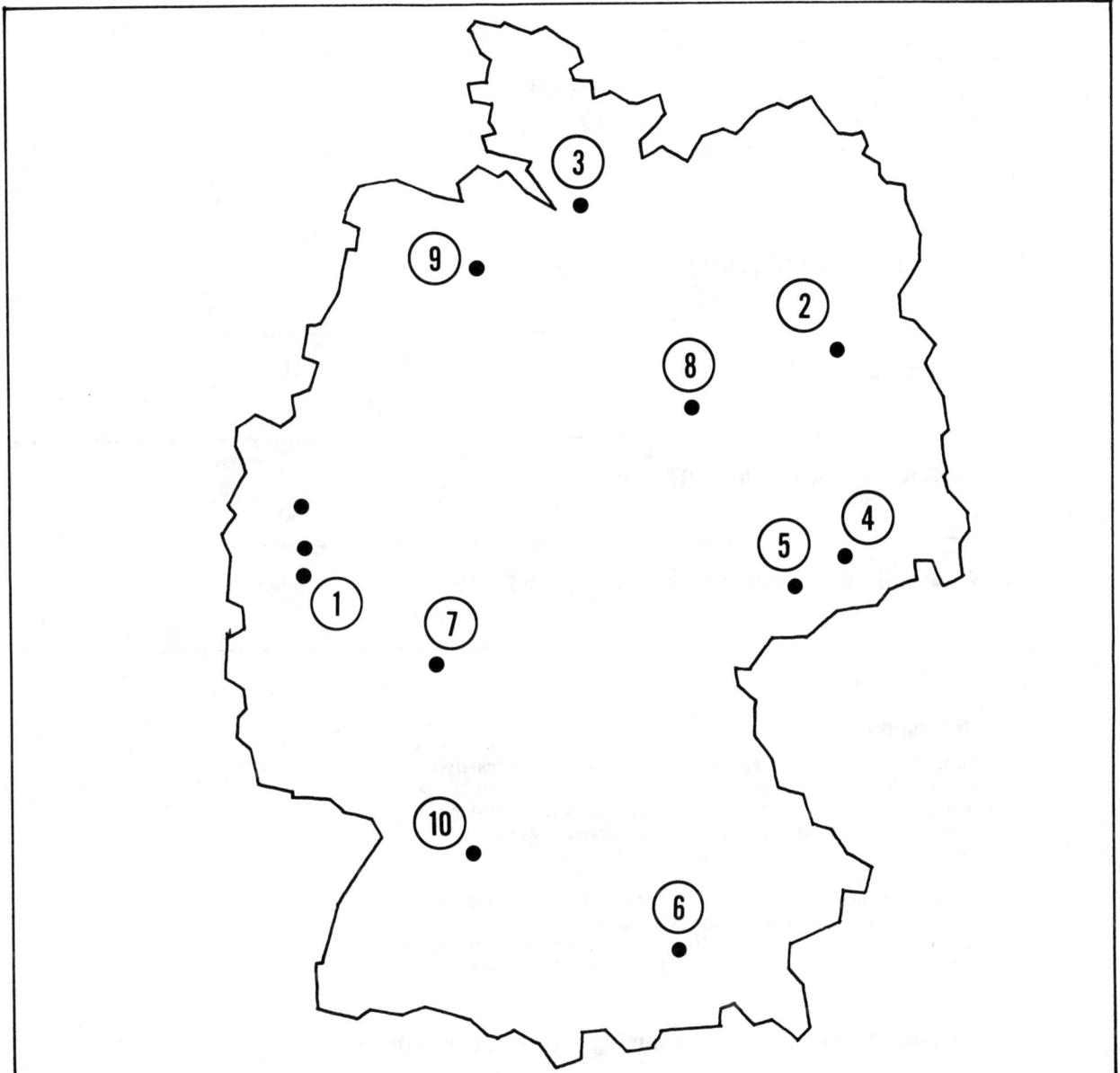

1. _____ 6. _____
2. _____ 7. _____
3. _____ 8. _____
4. _____ 9. _____
5. _____ 10. _____

Deutsch Aktuell 1

Name: _____ Datum: _____

17. *Wieviel kannst du verstehen?* Study the description of the different kinds of sports facilities around Bad Kissingen and then answer the questions.

Tennis
Vorbildliche Platzanlage an der Lindesmühlpromenade,
11 Turnierplätze. Geprüfter Trainer. ☎ 3777.
Tennishalle mit 2 Plätzen in der Kurhausstraße 44, an der Südbrücke.
Tennisclub Rot-Weiß Bad Kissingen e.V., ☎ 3777.

1. Wo gibt es elf Tennisplätze?

2. Wo sind die zwei Tennisplätze?

3. Sind sie im Freien (outdoors)?

4. Was ist die Telefonnummer vom Tennisclub Rot-Weiß Bad Kissingen?

Schwimmen
Terrassen-Freischwimmbad am Ballinghain, eines der schönsten Freischwimmbäder in Deutschland. Geöffnet vom 15. Mai bis 15. September. 250 m hoch gelegen. Dauertemperatur 24 Grad Celsius in allen Becken: Sprung-, Sport-, Nichtschwimmer-, Kinderplanschbecken, Zehnmetersprungturm. ☎ 807-184.

Hallenschwimmbad in landschaftlich reizvoller Lage am Rande der Saale-Au. Ganzjährig geöffnet. Mo., Mi., Do., Fr. 14–19 Uhr, Di. 14–20 Uhr, Sa. 8–20 Uhr, So. 10–18 Uhr. Ständige Wassertemperatur 28 Grad Celsius. Schwimmkurse für Anfänger. ☎ 807-186.

5. Wie viele Schwimmbäder (swimming pools) gibt es in dieser Stadt?

6. Wie heißen sie?

7. Wann ist das Freischwimmbad geöffnet (open)?

8. Wie warm ist das Wasser (water) im Hallenschwimmbad?

Name: _____ Datum: _____

Golf

Golfplatz mit Clubhaus, Euerdorfer Straße 11 (B 287), 2 km von der Stadtmitte entfernt. 18 Löcher. Übungsbahn und Golflehrer.
☎ 36 08/6 17 27.

9. Wo ist der Golfplatz?

   _____

10. Wie weit ist das von der Stadtmitte entfernt?

    _____

11. Kann man dort auch Golf lernen?

    _____

12. Wie viele Löcher (holes) hat dieser Golfplatz?

    _____

Eissporthalle ☎ 34 41

An der Oscar-von-Miller-Straße. Vollüberdachte Kunsteisfläche mit einer Größe von 60 m × 30 m, Zuschauertribüne. Geöffnet von Oktober bis April.

Eishockey: Auskunft Walter Preim, ☎ 6 33 66/8 82 73.

Eisstockschießen: Auskunft Philipp Dees, ☎ 6 24 78. Asphaltbahn für Sommerbetrieb. Eisstockschießen für Kurgäste montags von 15 bis 17 Uhr.

Schlittschuhlauf: Auskunft Karl Brander, ☎ 32 18
Mo.–Fr. 14–16 und 19.30–21.30 Uhr
Sa. und So. 9.30–11.30 und 19.30–21.30 Uhr.

13. Wie groß ist die Eissporthalle?

    _____

14. Wie viele Monate ist die Eissporthalle geöffnet?

    _____

15. Wann kann man am Mittwoch Schlittschuh laufen?

    _____

16. Was ist Herr Preims Telefonnummer?

    _____

Deutsch Aktuell 1

18. Kreuzworträtsel

ß =SS, Ä=AE

Name: _____ **Datum:** _____

Waagerecht
1. Wann wird das Turnier _____?
6. Ein Körperteil.
7. Wieviele _____ spielen auf dem Tennisplatz?
10. Ich _____ in der Sporthalle gespielt.
11. _____ du in der Disko gewesen?
12. Ich habe _____ gute Chance.
13. Ein Kleidungsstück.
15. Regnet _____?
17. Spielst du gern _____?
19. Ich fahre mit dem _____.
21. Man kann mit dem _____ sehen.
23. Wir haben einen _____ bei uns zu Hause.
26. „Ist" auf englisch.
28. Ein Körperteil.
29. „Nein" auf englisch.
30. Was wirst du _____? Einen Pulli und Jeans.
31. _____ soll ich einlanden?

Senkrecht
1. Beim Tennisspiel braucht man einen _____.
2. Wir brauchen drei _____ für die Gäste. Dann können sie alle sitzen.
3. Ein beliebter Sport in Deutschland.
4. Kannst du jetzt rüberkommen? _____, vielleicht etwas später.
5. Opposite of „immer".
8. Eine große Stadt im Osten Deutschlands.
9. Eine Farbe.
14. „Gehen" auf englisch.
16. Kannst du das auf deutsch _____?
18. Fehmarn liegt in der _____ see.
20. Der Beamte steht _____ drüben.
22. Hast du _____ Jacke?
24. „See" auf englisch.
25. Hast du _____ Ball gekauft?
27. „Sohn" auf englisch.
28. „Sein" auf englisch.

Deutsch Aktuell 1

Lektion 10

1. Select the logical response on the right to the questions and statements on the left.

    _____ 1. Ich habe schon lange geklingelt.   a. Ich kann wirklich nicht spielen.

    _____ 2. Hast du Gitarre geübt?   b. Von dieser Stelle hier.

    _____ 3. Dieses Stück ist zu kompliziert.   c. Nein, das werde ich später tun.

    _____ 4. Wartest du schon lange hier draußen?   d. Na, du spielst auch nicht so gut.

    _____ 5. Du hast aber wirklich keinen Rhythmus.   e. Nur ein paar Minuten.

    _____ 6. Von wo sollen wir anfangen?   f. Leider habe ich es nicht gehört.

    _____ 7. Versuch es doch einmal.   g. Vielen Dank.

    _____ 8. Setz dich hier hin.   h. Ja, das stimmt.

Name: _____ Datum: _____

2. *Wie heißen diese Musikinstrumente?* Write out each noun with its proper article.

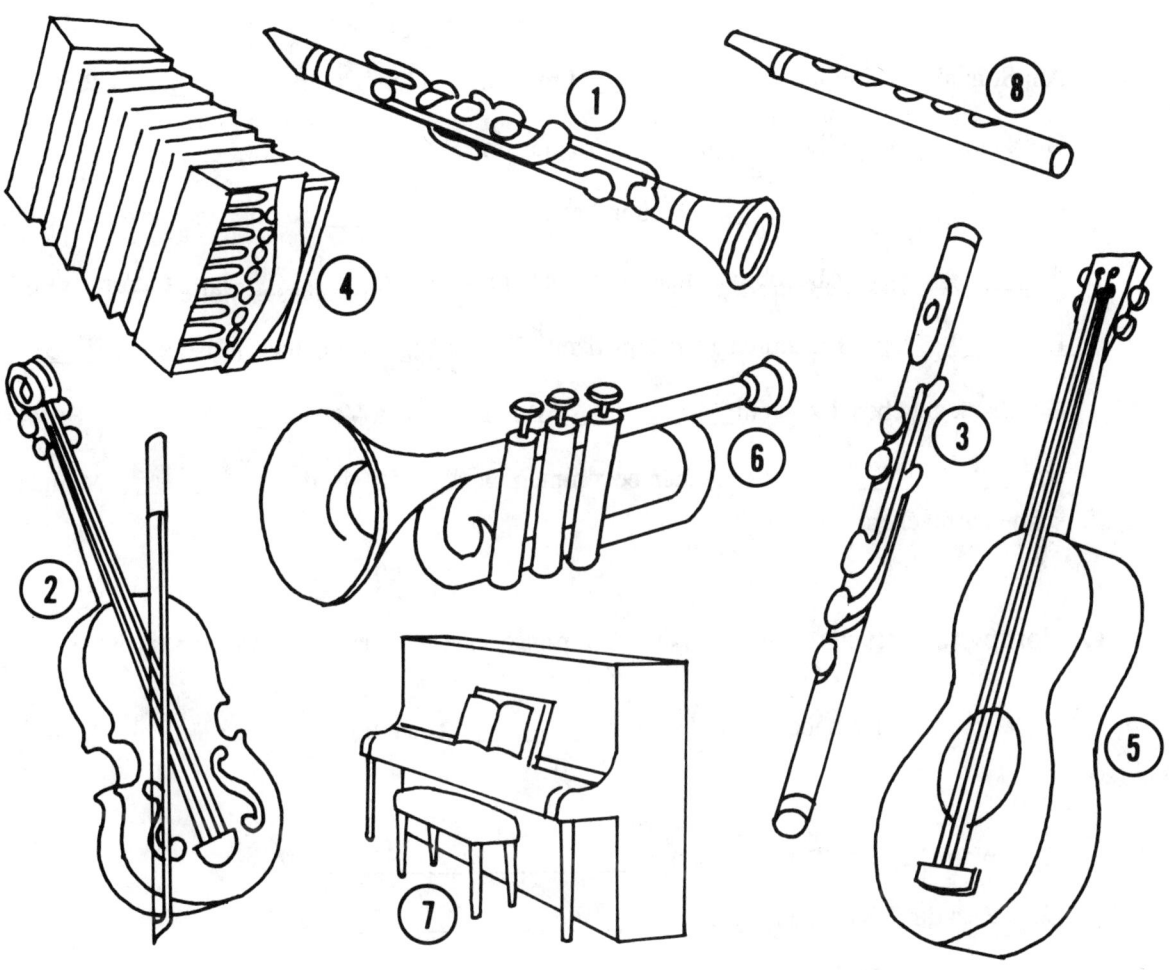

1. _____
2. _____
3. _____
4. _____
5. _____
6. _____
7. _____
8. _____

Deutsch Aktuell 1

Name: _____ Datum: _____

3. *Wir sind bei einer Party gewesen.* Fill in the necessary endings for the definite and indefinite articles and for the possessive adjectives.

Am Sonnabend sind mein_____ Freundin und ich bei ein_____ Party gewesen.

Gisela hat mich und ihr_____ Freunde und Freundinnen zu ihr_____ Geburtstag

eingeladen. Ihr_____ Mutter hat ein_____ Kuchen gebacken und hat auch

d_____ Abendbrot zubereitet. Ich habe mein_____ Gitarre mitgebracht.

D_____ Jugendlichen haben dann alle gesungen. Ich habe Gisela ein_____

Geschenk gegeben. Es ist ein_____ Buch gewesen. Von ihr_____ Bruder hat sie

ein_____ Taschenrechner bekommen. Jetzt kann sie d_____ Matheaufgaben

schneller machen.

4. Complete each sentence by using the possessive adjective and noun listed.

Beispiel: Ich habe (Tante / mein) _____ besucht.
Ich habe meine Tante besucht.

1. Wann beginnt (Party / unser) _____?
2. Hast du (Motorrad / sein) _____ gesehen?
3. Ich probiere (Jacke / dein) _____ an.
4. Kennt ihr (Onkel / unser) _____?
5. Was machen (Eltern / euer) _____?
6. Fährst du mit (Freund / dein) _____ zum Klub?
7. Ohne (Schwester / ihr) _____ gehe ich nicht tanzen.
8. (Auto / mein) _____ ist nicht hier.
9. Kann ich (Mutter / dein) _____ helfen?
10. Haben Sie (Karte / Ihr) _____ gekauft, Frau Lehmann?

Name: _____ Datum: _____

5. Fill in the proper form of the possessive adjective provided in parentheses.

1. Ich frage (my) _____ Freundin.
2. Wo hast du (your) _____ Klarinette?
3. (Her) _____ Tante wohnt in Wiesbaden.
4. Wir brauchen (our) _____ Auto.
5. (His) _____ Bücher sind nicht sehr interessant.
6. Wann bekommt ihr (your) _____ Geld?
7. Ist (your) _____ Motorrad neu, Herr Hubert?
8. Ich möchte (your) _____ Pullover anprobieren, Christa.
9. Zeig mir doch (her) _____ Geschenke!
10. Wollen Sie nicht mit (your) _____ Eltern sprechen?
11. Rainer wohnt bei (his) _____ Onkel.
12. Frag doch (my) _____ Bruder!
13. Wie findest du (his) _____ Anzug?
14. Ich muß viel Geld für (my) _____ Musikinstrument bezahlen.
15. Wieviel kosten denn (your) _____ Fahrräder, Maria und Susi?

6. Write complete sentences, using the words provided.

1. Kennen / Sie / sein / Söhne
   _____

2. Ich / schreiben / mein / Karte
   _____

3. Unser / Kuchen / aussehen / lecker
   _____

4. Käthe / bekommen / von / ihr / Mutter / Geschenk
   _____

5. Mein / Geburtstag / sein / am Donnerstag
   _____

Deutsch Aktuell 1

Name: _____ Datum: _____

6. Frau Müller / müssen / ihr / Tisch / decken
   _____

7. Lesen / ihr / euer / Zeitung / oder / euer / Buch
   _____

8. Dein / Küche / gefallen / mein / Tante / sehr gut
   _____

9. Fahren / unser / Klasse / im Juli / Europa
   _____

10. Spielen / ihr / mit / euer / Freunde
    _____

7. Choose the most appropriate verb from the list and write it next to the corresponding noun.

| lesen | hineingehen | besuchen | klingeln | sein |
| machen | anfangen | verlieren | haben | spielen |

1. an der Tür _____
2. dieses Musikstück _____
3. eine gute Auswahl _____
4. den Rhythmus _____
5. in derselben Klasse _____
6. ins Haus _____
7. meine Tante _____
8. mit der Lektion _____
9. viel Musik _____
10. die Zeitungen _____

Name: _____   Datum: _____

8. **Complete each sentence by first writing the comparative and then the superlative form of the adjective/adverb.**

1. Monika ist groß.

   Petra ist _____.

   Katrin ist _____.

2. Das Mietshaus ist hoch.

   Das Hotel ist _____.

   Das Rathaus ist _____.

3. Ich lese langsam.

   Holger liest _____.

   Tina liest _____.

4. Sie hat es gern.

   Wir haben es _____.

   Ihr habt es _____.

5. Bernd spielt gut.

   Dirk spielt _____.

   Andreas spielt _____.

Name: _____ Datum: _____

9. Provide the comparative form for the words listed in parentheses.

1. Erika ist (alt) _____ als Liesel.
2. Die Bluse ist (billig) _____ als das Hemd.
3. Das Motorrad kostet (viel) _____ als das Moped.
4. Christa ist (klug) _____ als Peter.
5. In München ist es (kalt) _____ als in Köln.
6. Ist es am Rhein (schön) _____ als an der Nordsee?

10. Complete the following information, based on the *Lesestück*.

Oliver hat ein _____. Es ist sein Computer. Seine _____ haben ihm den Computer gekauft. Oliver _____ oft in seinem Zimmer vor dem Computer. Er möchte heute in die Disko _____. Vielleicht _____ Susanne mit. Oliver geht zum _____ und _____ die Nummer.

Oliver fragt Susanne, was sie jetzt _____. Susanne sagt ihm, daß sie noch _____ üben muß. Ihr Musiklehrer kommt _____. Sie muß aber nur eine _____ Stunde üben. Dann kann sie zur _____ gehen. Sie treffen sich um _____ Uhr.

Susanne _____ nicht lange, bis Oliver kommt. Sie gehen um die _____ zur Disko. Da _____ sie Susannes Freundinnen. Die Musik _____ erst um halb neun. Sie sind alle etwas zu _____.

Lektion 10

11. Find the expressions on the right that have a meaning similar to those on the left.

_____ 1. Du hast recht.   a. Das gefällt mir.

_____ 2. Da ist er.   b. Es fängt an.

_____ 3. Es macht Spaß.   c. Es steht mir gut.

_____ 4. Das paßt mir.   d. Es kostet nicht viel.

_____ 5. Es ist preiswert.   e. Das stimmt.

_____ 6. Es beginnt.   f. Die Auswahl ist groß.

_____ 7. Da gibt es viel.   g. Es ist lecker.

_____ 8. Es schmeckt gut.   h. Er steht dort drüben.

Name: _____ Datum: _____

12. *Beantworte die Fragen!* Look at the concert schedule of the *Musikhalle* in Hamburg to answer the questions.

Konzerte

MUSIKHALLE
Großer Saal
Karl-Muck-Platz, Hamburg 36
Vorverkauf s. Theater- und Konzertkassen

3.6. 20.00 Uhr
HAMBURGER CAMERATA
Chorkonzert
4.6. 11.00 Uhr
PHILHARMONIE HAMBURG
Leitung: Gerd Albrecht
Krystian Zimmermann, Klavier
Werke von Brahms, Lachenmann und Strawinsky
5., 6.6. 20.00 Uhr
PHILHARMONIE HAMBURG s. 4.6.
8.6. 20.00 Uhr
PHILHARMONIE HAMBURG
„PHILHARMONIE STELLT SICH VOR"
Leitung: Gerd Albrecht
Werke von Schumann, Saint-Saëns und van Beethoven
11.6. 11.00 Uhr
NDR-SINFONIEORCHESTER
Leitung: Jörg Peter Weigle
Peter Schreier, Tenor
Robert Holl, Bass u.a.
NDR-Chor
DAS BUCH MIT SIEBEN SIEGELN
von Franz Schmidt
CLEVELAND ORCHESTRA 20.00 Uhr
Leitung: Christoph von Dohnányi
Werke von Bach, Webern, Bartók und Brahms
12.6. 20.00 Uhr
NDR-SINFONIEORCHESTER s. 11.6.
13.6. 20.00 Uhr
s.Rubrik „Hamburgs Hafen wird 800"
18.6. 20.00 Uhr
HAMBURGER JUGENDORCHESTER
20.6. 16.00 Uhr
GEW / SCHÜLERKONZERT
22.6. 20.00 Uhr
RUNDFUNKORCHESTER HANNOVER DES NDR
Leitung: Carlos Kalmar
Katia und Marielle Labeque, Klavier
Klassische Promenade
23.6. 19.00 Uhr
RUNDFUNKORCHESTER HANNOVER DES NDR s. 22.6.
24.6. 18.00 Uhr
JUGEND MUSIZIERT
Konzert mit Flügel
25.6. 20.00 Uhr
Hochschule für Musik
FESTLICHES ORGELKONZERT
(Orgelforum) Studierende der Orgelklasse Prof. Rose Kirn
Werke von J. S. Bach, Franck, Reubke
30.6. 20.00 Uhr
HARVESTEHUDER STUDENTENORCHESTER

MUSIKHALLE
Kleiner Saal

1.6. 20.00 Uhr
Konzert der Musikhochschule
aus Anlaß der Diplomprüfungen von
DAGMAR HAGEL, Violine
Werke von J.S. Bach, A. Pärt u. Brahms
MAACHA DEUBNER, Sopran
Lieder von Purcell, Debussy,
R. Strauss, Firsova und Mahler
2.6. 20.00 Uhr
Orchesterakademie Hamburg/
Kulturbehörde —
THE RASCHER SAXOPHONE QUARTETT
3.6. 20.00 Uhr
WILANOW QUARTETT WARSCHAU
4., 5.6. 20.00 Uhr
NOMOS QUARTETT
ORCHESTERAKADEMIE mit
H.J. SCHELLENBERGER
6.6 20.00 Uhr
Kammermusikabend der Hochschule
für Musik aus Anlaß d. Konzertexamens
v. EBBA-MARIA KÜNNING, Blockflöte
Werke von Vivaldi, J.S. Bach,
Telemann, Nieuwkerk u.a.
Barockstreicher, Cembalo und
Ensemble Flutes en bloc
7.6. 20.00 Uhr
KAMMERENSEMBLE COLOGNE
Werke von Vivaldi, Bach u. Telemann
8.6. 20.00 Uhr
Orchesterkonzert der Hochschule
für Musik aus Anlaß d. Konzertexamen
von ANKE DENNERT und
CARSTEN LOHFF, Cembalo
Werke von C.Ph.E. Bach, Couperin
und W. Fr. Bach
Freiburger Barockorchester
9.6. 20.00 Uhr
s.Rubrik „Hamburgs Hafen wird 800"
10.6. 20.00 Uhr
SHARIVOVA — Orchester und
Tanzgruppe aus der UDSSR / Baku
12.6. 20.00 Uhr
Italienisches Kulturinstitut
DUO-PRETTO-DINDO,
Flöte und Klavier
GIAMPARLO PIETTO, Flöte
ANDREA DINDA, Klavier
Werke von J.S. Bach, Mozart,
Jolivet, Reinecke und Poulenc
15.6. 20.00 Uhr
Konzert der Hochschule für Musik
aus Anlaß der Diplomprüfungen
von CHRISTIAN PATZIG, Violine
Werke von Beethoven, Prevost,
Debussy und Dvorak
KLAUS ARMITTER, Schlaginstrumente
Werke von Striegler, Erwin, Hummel
und Gauger

▶

Name: _____ Datum: _____

1. Wann und um wieviel Uhr gibt es ein Schülerkonzert?
   _____

2. Wer spielt am 1. Juni Violine?
   _____

3. Welche Musikinstrumente spielen sie am 12. Juni (Kleiner Saal)?
   _____

4. Wo ist die Musikhalle in Hamburg?
   _____

5. Um wieviel Uhr spielt das Hamburger Jugendorchester?
   _____

6. Von wem singt Maacha Deubner Lieder?
   _____

7. An wie vielen Tagen gibt es Konzerte im Großen Saal?
   _____

8. An welchem Tag spielt man Musik von Brahms?
   _____

Name: _____ Datum: _____

13. Ergänze diese zwei Dialoge!

A: Möchtest du zur Disko?

B: _____

A: Eine Band aus Frankreich.

B: _____

A: Nein, sie ist neu hier.

B: _____

A: Tanja, Uschi, Rolf und ich.

B: _____

A: Ich glaube, um halb neun.

B: _____

C: _____

D: Ich übe Gitarre.

C: _____

D: Nein, erst ein paar Monate.

C: _____

D: Nein, mein Bruder hat mir gezeigt, wie man spielt.

C: _____

D: Ja, er spielt schon viele Jahre.

C: _____

D: Vielleicht in einer Stunde.

Name: _____ Datum: _____

14. *Was ist das Gegenteil von...?* Look for the opposites and write them next to their counterparts.

schwarz	hell	langsam	links
plus	wenig	da	gut
spät	zurück	interessant	schwer
gegen	nach	mit	klein

1. hin _____
2. vor _____
3. viel _____
4. weiß _____
5. langweilig _____
6. früh _____
7. schlecht _____
8. schnell _____
9. einfach _____
10. minus _____
11. ohne _____
12. rechts _____
13. groß _____
14. hier _____
15. dunkel _____
16. für _____

Name: _____ Datum: _____

15. *Ich finde Pauls Party toll.* Tell the story by completing each sentence with the correct form of the verbs provided.

    sehen   spielen   haben   hören   beginnen
    gehen   mitbringen   machen   sagen   geben

1. Ich _____ gern zu Paul.
2. Er _____ oft gute Partys.
3. Paul _____ immer seinen Gästen, sie sollen Cola und Limo _____ .
4. Die Party _____ meistens früh am Abend.
5. Manchmal _____ wir Musik oder wir _____ fern.
6. Wenn das Wetter warm ist, dann _____ wir auch oft Fußball.
7. Das _____ viel Spaß.
8. Hoffentlich _____ Paul bald wieder eine Party.

16. *Kreuzworträtsel*

Waagerecht
1. Ein Musikinstrument.
7. The same word as "dort."
8. Eine Stunde hat sechzig _____.
9. Wir _____ Abendbrot.
11. Ich schreibe mit der _____ an die Tafel.
13. Opposite of "immer."
14. Spielt _____ Geige?
15. „Ist" auf englisch.
16. Kennst du seine Telefon_____?
19. „Ist" auf englisch.
21. Ich besuche _____ Freund in Hamburg.
24. Hast du _____ Musiklehrer?
26. Ich habe _____ eine halbe Stunde Zeit.
28. Kauft ihr ein Buch _____ eine Zeitschrift?
29. _____ weiß nicht.
32. Fahren Sie _____ und zurück?
34. Meine _____ heißt Frau Meier.
35. Das Paar Schuhe kostet 100 _____.

140   **Lektion 10**

Senkrecht

1. Ich spiele _____ gern.
2. Spielst du Musik lieber _____ oder mit deiner Freundin?
3. Hartmut bekommt in Chemie eine gute _____.
4. Möchtet ihr Limo _____?
5. Heiko _____ das Spiel gewonnen.
6. Die Hauptstadt der _____ Deutschland heißt Berlin.
7. Wann kommst _____ rüber?
10. Ich kann die _____ im Buch nicht finden.
12. Hast du _____ Zeitung gesehen?
17. Wir fahren _____ drei Uhr zu ihm.
18. „Mich" auf englisch.
20. Gehen _____ zu Fuß, Herr Schulz?
21. Ohne meinen _____ ist es heute zu kalt.
22. Wohin fahrt _____ nach der Schule, Tina und Monika?
23. Geben Sie _____ den Ball, bitte.
25. Es ist schon Viertel _____ acht.
27. Der Film ist _____ gut.
28. Mit meinem _____ kann ich hören.
30. „Ihm" auf englisch.
31. Wir gehen _____ die Disko.
33. _____, wann kommt ihr denn?

Deutsch Aktuell 1 141